La ciencia de la riqueza: principios eternos para él éxito financiero

basado en el libro de

Wallace D. Wattles que fue publicado en 1910 "The Sience of setting Rich", (la ciencia de hacerse rico)

Carlos Mateo

Prólogo

Wallace D. Wattles fue un autor estadounidense pionero en el género de la literatura de autoayuda y éxito. Nacido en Estados Unidos en 1860 y fallecido en 1911, Wattles es conocido sobre todo por su innovadora obra "La ciencia de hacerse rico", publicada por primera vez en 1910.

Los escritos de Wattles están fuertemente influenciados por las nuevas formas de pensamiento y metafísica de New though(Momento) y las ideas del filósofo estadounidense Ralph Waldo Emerson.

En «La ciencia de hacerse rico", expone los principios básicos del éxito financiero basados en una combinación de pensamiento positivo, visualización y acción práctica. Sostenía que la adquisición de riqueza era una ciencia que cualquiera podía aprender y aplicar.

Aunque Wattles no fue tan conocido y reconocido en vida como algunos de sus contemporáneos Napoleon Hill o Dale Carnegie, sus ideas y enseñanzas han encontrado muchos seguidores a lo largo del tiempo. Su obra "La ciencia de hacerse rico" sigue teniendo muchos lectores hoy en día e influye en muchas personas en el ámbito del crecimiento personal y el pensamiento del éxito.

Introducción

Bienvenido a La ciencia de hacerse rico, un tesoro intemporal de principios y sabiduría destinados a allanar su camino hacia la abundancia financiera. Escrito originalmente por Wallace D. Wattles en 1910, este libro es una obra atemporal cuyo mensaje sigue resonando con fuerza hoy en día. En un mundo que cambia constantemente y en el que la búsqueda de la riqueza y el éxito es omnipresente, los principios fundamentales de este libro proporcionan un mapa para descubrir los tesoros de la vida.

Puede que las ideas que Wattles presenta en este libro se escribieran hace más de un siglo, pero su relevancia hoy es tan grande como siempre. En un momento en el que muchos de nosotros buscamos formas de alcanzar la seguridad financiera y vivir una vida plena, las enseñanzas intemporales de La ciencia de la riqueza pueden ayudarnos a encontrar el camino.

En esta edición actualizada, nos hemos comprometido a preservar las enseñanzas originales de Wallace D. Wattles, a la vez que damos una mirada moderna a su aplicación en el mundo de hoy. Exploraremos los conceptos fundamentales de la riqueza y el éxito y los complementaremos con ejemplos y puntos de vista actuales para garantizar que sean relevantes y accesibles para todos los lectores.

Tanto si busca la libertad financiera como el éxito profesional o el crecimiento personal, los principios que descubrirá en este libro tienen un valor incalculable. Le invitamos a unirse a nosotros en un viaje para descubrir los secretos de la prosperidad y convertir sus sueños en realidad.

[1]Que este libro no solo le proporcione conocimientos, sino también inspiración y motivación para desarrollar todo su potencial y llevar una vida de éxito y realización.

Título: "La ciencia de la riqueza: principios intemporales para el éxito financiero"
Hemos tomado la mayoría de los artículos del texto original de Wallace D. Wattles.

Todo el mundo tiene derecho a ser rico

Este libro es pragmático, no filosófico. Es un manual práctico, no un tratado de teorías. Está dirigido a hombres y mujeres cuya necesidad más urgente es el dinero, que quieren enriquecerse primero y filosofar después.

Y es para quienes aún no han encontrado el tiempo, los medios o la oportunidad de profundizar en la metafísica. Pero que quieren resultados y están dispuestos a tomar las conclusiones de la ciencia como base de sus acciones, sin entrar en todos los procesos por los que se ha llegado a esas conclusiones.

Se espera que el lector acepte las proposiciones básicas por fe, del mismo modo que aceptaría las proposiciones sobre una ley de acción eléctrica si hubieran sido promulgadas por un, Dale Carnegie, un Napoleon Hill o un Edison. Y que acepta las afirmaciones en la creencia de que probará su verdad, actuando sobre ellas sin miedo ni vacilación.

Cualquier hombre o mujer que haga esto es seguro que se hará rico, porque la ciencia aquí aplicada es una ciencia exacta, y el fracaso es imposible.

Sin embargo, para beneficio de aquellos que desean examinar teorías filosóficas sobre su fe, presentaré la teoría monista del universo, la teoría que afirma que uno es todo y todo es uno. Que la sustancia única se manifiesta como los aparentemente muchos elementos del mundo material es de origen hindú y lleva 200 años arraigado en el pensamiento occidental.

Es la base de todas las filosofías orientales y de las de Descartes, Spinoza, Lieb, Schopenhauer, Hegel y Emerson. El lector que desee penetrar en los fundamentos filosóficos debe leer a los propios Hegel y Emerson.

He sacrificado todas las demás consideraciones a la sencillez y simplicidad de estilo, para que todos puedan comprender el plan de acción. Lo que aquí se expone se ha derivado de las conclusiones de la filosofía. Ha sido probado a fondo y resiste la prueba suprema de la experimentación práctica. Funciona si quieres saber cómo se llegó a las conclusiones.

Lee los escritos de los autores mencionados y, si quieres cosechar los frutos de su filosofía y práctica, lee sus filosofías, lee este libro y haz exactamente lo que te dice que hagas.

Tómate el tiempo necesario para escuchar y comprender de verdad.

Siente la riqueza

Esto es lo mismo para ellos que para todos los demás. Tienen que aprenderlo, y se quedarán donde están mientras sigan como están. El trabajador individual, sin embargo, no está sujeto por la ignorancia o la inercia mental de su clase.

Puede seguir la marea hacia la riqueza, y este libro le mostrará cómo la escasez de riqueza no mantiene a nadie en la pobreza. Hay más que suficiente para todos.

Se podría construir un palacio tan grande como el de la capital, Washington, para todas las familias de la Tierra con el material de construcción que hay en el mundo.

Se podría construir un palacio para todas las familias del mundo solamente con los materiales de construcción de Estados Unidos. Si se utilizara intensivamente, esta tierra produciría lana, algodón, lino y seda suficientes para vestir a cada persona en la tierra más finamente de lo que Salomón fue vestido en todo su esplendor, y suficiente comida para alimentarlos a todos lujosamente.

El suministro visible es prácticamente inagotable y el suministro invisible es verdaderamente inagotable. Todo lo que ves en la tierra está hecho de una sustancia hereditaria de la que surgen todas las cosas. Constantemente se crean nuevas formas y las más antiguas se disuelven, pero todas son formas asumidas por una cosa. No hay límite para el suministro de materia sin forma o sustancia original. El universo está hecho de ella, pero no toda se utilizó para crear el universo.

Los espacios dentro y entre las maneras del universo visible están impregnados y llenos del estado original. Con la materia sin modo, con la materia prima de todas las cosas, se podría hacer 10.000 veces más de lo que se ha hecho, e incluso entonces no se agotaría el suministro de materia prima universal.

Así que nadie es pobre porque la naturaleza sea pobre o porque no haya suficiente. La naturaleza es un almacén inagotable de riquezas. Nunca se agotará.

Este estado primigenio se nutre de energía creativa y produce constantemente nuevos modos cuando se agota el suministro de material de construcción.

Cuando la tierra se agota, ya no crecen en ella alimentos ni ropa. Se renueva o se hace más suelo cuando se ha extraído todo el oro y la plata de la tierra. Cuando el hombre todavía está tan avanzado en su desarrollo social que necesita oro y plata, se hace más de lo informe. Lo informe responde a las necesidades del hombre. No dejará que le falte nada bueno. Esto es cierto, para el hombre en su conjunto, la raza en su conjunto es siempre rica, y si los individuos son pobres, es porque no se adhieren al modo particular de acción que hace rico al individuo.

La sustancia informe es inteligente, es una sustancia que se cree viva y que siempre se volverá más viva. Es el impulso natural e inherente de la vida, esforzarse por tener más vida. Está en la naturaleza de la inteligencia, expandirse, y de la conciencia, expandir sus límites y encontrar una expresión. Más abarcadora. El universo de las formas fue creado por la sustancia viva sin forma que se transforma en forma para expresarse más plenamente.

El universo te ayuda

2

El universo es una gran presencia viva que se expande naturalmente hacia más vida y crecimiento pleno. La naturaleza funcional fue generada para la promoción de la vida. Su motivo imperioso es la propagación de la vida con este fin. Todo lo que puede servir a la vida es abundante. No puede haber carencia a menos que Dios se contradiga a sí mismo y a sus propias obras. No se es pobre por falta de riquezas. Hacía

Es un hecho, que señalaré un poco más adelante, que incluso los recursos del hombre o de la mujer están disponibles para aquellos que actúan y piensan de una determinada manera.

El pensamiento es el primer principio en la ciencia de hacerse rico

El pensamiento es el único poder que puede hacer surgir riquezas tangibles de una sustancia informe. La materia de la que están hechas todas las cosas es una sustancia que piensa, y un pensamiento de forma en esta sustancia produce la forma.

La sustancia original se mueve según sus pensamientos.

Cada forma y cada proceso visto en la naturaleza es la expresión visible de un pensamiento en el estado original.

Cuando la sustancia informe piensa en una manera, adopta ese modo; cuando piensa en un sentimiento, realiza ese movimiento, que es la manera en que sé crearon todas las cosas. Vivimos en un mundo de pensamiento que forma parte de un universo de pensamiento.

El pensamiento de un universo en movimiento se extendió sobre la sustancia informe y las cosas pensantes que se mueven según este pensamiento han tomado la forma de sistemas planetarios y mantienen esta forma. La sustancia pensante toma la forma de su pensamiento y se mueve según el pensamiento. Mantiene la idea de un sistema giratorio de soles y mundos. Toma la manera de estos cuerpos y los mueve según su pensamiento. Si piensa en el modo de un roble que crece lentamente, se mueve en consecuencia y produce el árbol. Estos siglos pueden ser la obra que crea lo informe, parece moverse según las líneas de movimiento que ha establecido.

El pensamiento de un roble no provoca la aparición inmediata de un árbol adulto, pero pone en movimiento las fuerzas que hacen que el árbol crezca según las líneas de crecimiento que ha establecido. Cualquier pensamiento de una manera que se tenga en la sustancia pensante provoca la creación de la manera, pero siempre o al menos generalmente siguiendo líneas de crecimiento y acción ya establecidas.

El pensamiento de una casa de cierta construcción ya está establecido. Si se imprimiera en la sustancia informe, podría no causar la formación inmediata de la casa. Pero canalizaría las energías creativas ya presentes en el comercio y la acción, de tal manera que conduciría a la rápida construcción de la casa. Y si no existieran canales a través de los cuales pudiera actuar la energía creadora, entonces la casa surgiría directamente del estado primordial, sin esperar a estos lentos procesos del mundo orgánico e inorgánico. No se puede simplemente imprimir la forma en el estado primordial sin crearla. El hombre es un centro pensante y todas las formas que el hombre crea con sus manos deben existir primero en su pensamiento.

. No puede formar una cosa hasta que la ha pensado, y hasta ahora el hombre ha confinado sus esfuerzos enteramente al trabajo de sus manos. Ha aplicado el trabajo manual al mundo de las formas para cambiar o modificar las que ya existen.

Nunca se le ha ocurrido intentar generar nuevas maneras imprimiendo sus pensamientos en la sustancia informe. Cuando el hombre forma un pensamiento, toma material de las maneras de la naturaleza y hace una imagen de la manera que tiene en su mente. Hasta ahora se ha esforzado poco o nada por cooperar con la inteligencia informe para trabajar con el Padre.

No ha soñado que puede hacer lo que ve hacer al Padre cuando el hombre remodela las maneras existentes mediante el trabajo manual y cambia las maneras existentes mediante el trabajo manual. No ha prestado atención a la cuestión de si podía producir cosas a partir de la sustancia informe. Al comunicarle sus pensamientos, nos proponemos demostrar que él puede, demostrar que cualquier hombre o mujer puede, y mostrar cómo, como primer paso, debemos establecer tres proposiciones fundamentales.

En primer lugar, afirmamos que existe una materia o sustancia original, informe de la que están hechas todas las cosas. Todos los elementos aparentemente numerosos no son más que representaciones diferentes de un elemento. Todas las formas que se encuentran en la naturaleza orgánica e inorgánica están hechas de la misma sustancia. Esta sustancia es una sustancia pensante que crea la forma del pensamiento. Los pensamientos en la sustancia pensante crean formas. El hombre es un centro pensante, capaz de un pensamiento original. Si el hombre puede transferir su pensamiento a la sustancia pensante original y comunicarlo a la sustancia, puede provocar la creación o el moldeado de la cosa en la que está pensando.

En resumen, existe una sustancia pensante de la que están hechas todas las cosas y que, en su estado original, impregna y llena los espacios interiores del universo. Un pensamiento en esta sustancia generé la cosa que es representada por el pensamiento. El hombre puede formar cosas y, al imprimir su pensamiento en la sustancia informe, crear la cosa que piensa.

Tal vez me preguntéis si puedo demostrar estas afirmaciones, y sin entrar en detalles os respondo que puedo hacerlo tanto por lógica como por experiencia. Pensando desde los fenómenos hasta la forma del pensamiento, llego a una sustancia pensante original, y cuando pienso más allá, llego al hombre.

A partir de esta sustancia pensante llego al poder del hombre para causar la formación de las cosas, y mediante el experimento encuentro que el razonamiento es verdadero, y esa es mi prueba más contundente. Si cualquier hombre que lea este libro se enriquece haciendo lo que le dice que haga, eso es una prueba en apoyo de mi argumento. Pero si cada hombre que hace lo que le dice que haga se hace rico, es una prueba positiva hasta que alguien pasa por el proceso y falla.

La teoría es cierta hasta que el proceso fracasa, y ese proceso no fracasará. Porque cualquier hombre que haga exactamente lo que este libro le dice que haga se hará rico.

He dicho que la gente se hace rica haciendo las cosas de una determinada manera, y para ello, la gente debe llegar a ser capaz de pensar de una determinada manera. La forma en que una persona hace las cosas es el resultado directo de la forma en que piensa sobre ellas. Para hacer las cosas como uno quiere hacerlas, hay que adquirir la capacidad de pensar como uno quiere pensar. Este es el primer paso para hacerse rico, creer lo que quieres pensar, es opinar la verdad, independientemente de las apariencias. Todo el mundo tiene el poder natural e innato de opinar lo que quiere pensar.

Pensar, pero requiere mucho más esfuerzo hacerlo que creer los pensamientos que provienen de las apariencias. Opinar según las apariencias es fácil; creer la verdad sin tener en cuenta las apariencias es laborioso y requiere un esfuerzo mayor que cualquier otro trabajo que el hombre tenga que realizar.

No hay trabajo que la mayoría de la gente rehúya más que el de pensar persistente y consecuentemente. Es el trabajo más duro del mundo. Esto es especialmente cierto cuando la verdad contrasta con la apariencia.

Toda apariencia en el mundo visible tiende a producir una forma correspondiente en la mente que la mira, y esto solo puede evitarse manteniendo el pensamiento de la verdad que uno está mirando. La apariencia de una enfermedad se convierte en la forma de la enfermedad, en tu propia mente y finalmente en tu cuerpo. A menos que mantengas el pensamiento de la verdad de que no hay enfermedad, es solo una apariencia y la realidad es ver la salud.

Las apariencias de pobreza producirán formas correspondientes en tu mente. Si dices que no hay pobreza, solo hay abundancia para estar sano. Cuando estás rodeado por los fenómenos de la enfermedad, o pensar en la riqueza cuando estás en medio de los fenómenos de la pobreza, requiere poder.

Pero quien alcanza este poder se convierte en un maestro del pensamiento. Puede conquistar el destino, puede tener lo que desea. Este poder únicamente puede alcanzarse comprendiendo el hecho fundamental que yace detrás de todos los fenómenos, y ese hecho es que existe una sustancia pensante de la cual y a través de la cual se hacen todas las cosas.

Entonces debemos darnos cuenta de la verdad de que cada pensamiento contenido en esta sustancia se convierte en una forma y que el hombre puede imprimir sus pensamientos en ella de tal manera que asuman una forma y se conviertan en cosas visibles. Cuando nos damos cuenta de esto, perdemos nuestras dudas y temores. Porque sabemos que podemos crear lo que queremos crear. Podemos conseguir lo que queremos tener y podemos convertirnos en lo que queremos ser.

El primer paso para llegar a ser rico, debes creer en las tres afirmaciones básicas que repito aquí en este capítulo y para enfatizarlas.

Existe una sustancia pensante de la que están hechas todas las cosas y que en su estado original impregna y llena los espacios interiores del universo.
Un pensamiento en esta sustancia produce lo que el hombre imagina que es un pensamiento.

El hombre puede moldear las cosas en sus pensamientos e imprimiendo sus pensamientos en la sustancia informe puede hacer que se genere la cosa en la que piensa.

Debes dejar de lado todos los demás conceptos del universo y detenerte en este concepto hasta que se haya fijado en tu mente. Anclado en tu mente y se haya convertido en tu pensamiento habitual. Lee estas afirmaciones del credo una y otra vez. Memoriza cada palabra y medita en ella hasta que creas firmemente en lo que dices. Si te surge una duda, recházala como pecado.

No escuches argumentos en contra. No vayas a iglesias o conferencias donde se enseñe o predique una visión contraria de las cosas. No leas revistas o libros que enseñen una idea diferente.

Si te pierdes en tus creencias, todos tus esfuerzos serán en vano.
No preguntes por qué estas cosas son verdad, y no especules sobre cómo pueden ser verdad. Simplemente, acéptalas y confía en ellas. La ciencia de hacerse rico comienza con la aceptación absoluta de esta creencia.

Multiplica la vida.

Debes deshacerte del último vestigio de la vieja idea de que existe una deidad cuya voluntad es que seas pobre, o cuyo propósito es mantenerte en la pobreza.
La sustancia inteligente que es todo y está en todo y que vive en todo y también vive en ti, es una sustancia viva, consciente.

Puesto que es una sustancia viva, consciente, debe tener el deseo natural de todo ser vivo, la inteligencia para la propagación de la vida. Por lo tanto, todo ser vivo debe esforzarse por aumentar su vida.

Es un acto de la vida multiplicarse. Una semilla que cae en la tierra brota de la actividad y produce en el acto de la vida, a medida que la vida se multiplica, se hace más y más. Debe hacerlo para seguir existiendo.

La inteligencia está bajo la misma compulsión de multiplicarse constantemente. Cada pensamiento que pensamos nos obliga a seguir pensando.

Hay una expansión constante de la conciencia. Cada hecho que aprendemos nos lleva a aprender otro hecho.

El conocimiento aumenta constantemente. Cada talento que cultivamos despierta en nuestra mente el deseo de cultivar otro talento. Estamos sujetos al impulso de expresión de la vida, que nos impulsa a saber más, hacer más y ser más.

Debemos tener más. Por lo tanto, debemos tener cosas que podamos utilizar, porque aprendemos, hacemos y llegamos a ser. Solo mediante el uso de las cosas debemos enriquecernos para poder vivir más y mejor.

El deseo de riqueza no es más que la capacidad de una vida mayor que busca realizarse.

Todo deseo es el empeño de una posibilidad tácita en acción. Es la fuerza que se esfuerza por manifestarse, es la causa del deseo. El deseo de más dinero es lo mismo que hace crecer a la planta. Es la vida que busca su plena expresión. La única sustancia viva debe someterse a esta ley inherente a toda vida. Está imbuida del deseo de vivir más. Por lo tanto, la sustancia única bajo compulsión quiere crear cosas. La sustancia desea vivir más en ti. Por lo tanto, quiere que tengas todas las cosas que puedas usar.

El deseo de Dios es que seas rico. Él quiere que te enriquezcas porque puede expresarse más elegantemente a través de ti. Cuando tienes muchas cosas que puedes usar para expresarlo a Él, Él puede vivir más en ti. Cuando tienes recursos ilimitados en la vida, el universo quiere que tengas todo lo que deseas.

La naturaleza es amable con tus planes. Todo es natural para ti. Decide que esto es verdad. Sin embargo, es importante que tu objetivo, que está en todo, sea la verdadera vida, no el mero placer o la gratificación sensual.

La vida es el cumplimiento de funciones, y el hombre solo vive verdaderamente cuando vive a través de todas las funciones, físicas, mentales y espirituales, de las que es capaz, sin excesos.

No quieres hacerte rico para vivir en el lujo, para satisfacer deseos animales. Eso no es vida, pero la realización de todas las funciones corporales forma parte de la vida y nadie vive plenamente si niega una expresión normal y sana a los impulsos del cuerpo.

No quieres hacerte rico solo para disfrutar de placeres espirituales, para adquirir conocimientos, para satisfacer la ambición.

Para satisfacer la ambición, para superar a los demás, para ser famoso. Todo esto es una parte legítima de la vida, pero el hombre que vive solo para los placeres del intelecto únicamente tendrá una vida incompleta y nunca estará satisfecho con su suerte.

No querrá enriquecerse únicamente por el bien de los demás, perderse por la salvación de la humanidad, experimentar las alegrías de la filantropía y el sacrificio.

Los placeres del alma son únicamente una parte de la vida, y no son ni mejores ni peores que cualquier otra parte. Quieres enriquecerte para poder comer, beber y estar alegre cuando es el momento de hacer estas cosas para poder rodearte de cosas bellas.

Ver tierras lejanas alimenta tu espíritu y desarrolla tu intelecto para que puedas amar a la gente y hacer cosas buenas y hacer una buena contribución al mundo encontrando la verdad. Pero recuerda que el altruismo extremo no es mejor ni más noble que el egoísmo extremo. Ambos son errores.

Deshazte de la idea de que Dios quiere que te sacrifiques por los demás para que te asegures su favor.

Dios no exige nada de eso. Lo que quiere es que saques lo mejor de ti mismo, para ti y para los demás, y puedes ayudar más a los demás sacando lo mejor de ti mismo que de cualquier otra manera. Puedes sacar lo mejor de ti mismo si te haces rico.

Por lo tanto, es correcto y loable que dediques tus primeros y mejores pensamientos a aquellos que adquieren riqueza con este propósito. Recuerda, sin embargo, que el deseo de sustancia es para todos, y sus movimientos por más vida deben ser para todos.

No se le puede hacer trabajar por menos vida para nadie, porque desean igualmente la riqueza y la vida en todos. La sustancia inteligente hará cosas por vosotros, pero no tomará algo de otro para dároslo a vosotros. Debéis liberaros de la idea de competencia. Debéis crear, no competir por lo que ya ha sido creado.

No tenéis que quitarle nada a nadie. No tenéis que engañar ni sacar ventaja. No tienes que hacer que alguien trabaje para ti por menos dinero del que se merece. No tienes que codiciar la propiedad de otros o mirarlos con ojos codiciosos. Ningún hombre tiene nada que tú no puedas tener, y que sin quitarle lo que tiene, te convertirás en un creador, no en un competidor. Conseguirás lo que quieras, pero de tal manera que cuando lo tengas, todos los demás tendrán más de lo que tienen.

Soy consciente de que hay personas que consiguen mucho dinero procediendo en oposición directa a las afirmaciones del párrafo anterior, y me gustaría ofrecer una palabra de explicación en este punto:

Los hombres del tipo plutocrático que se hacen muy ricos a veces lo hacen puramente por sus habilidades extraordinarias en el plano de la competencia, y a veces se relacionan inconscientemente con la sustancia en sus grandes objetivos y movimientos para la elevación racial general.

En la evolución industrial, Rockefeller, Carnegie, Morgan y Atal han sido los agentes inconscientes de la suprema y necesaria obra de sistematización y organización de la industria productiva. Y al final, su trabajo contribuirá inmensamente a crear más vida para todos. Su tiempo casi ha terminado. Han organizado la producción y pronto serán sustituidos por

los representantes de las masas que
organizarán la maquinaria de la distribución.

Los multimillonarios son como los reptiles
monstruosos de la prehistoria. Desempeñan
un papel necesario en el proceso evolutivo,
pero el mismo poder que los creó se
deshará de ellos, y es bueno recordar que
nunca fueron realmente ricos. Una mirada a
la vida privada de la mayoría de esta clase
mostrará que en realidad son los más
pobres y miserables de los pobres.
La riqueza obtenida a nivel competitivo
nunca es satisfactoria ni duradera.

No le quites nada a nadie.

Hoy te pertenecen a ti y mañana
pertenecerán a otros. Recuerda, si quieres
hacerte rico, enriquecerte de forma
científica y segura, debes salir
completamente de la mentalidad
competitiva. No debes pensar ni por un
instante que la oferta es limitada. Tan
pronto como empieces a pensar que todo el

dinero está controlado por banqueros y otros y que tienes que trabajar duro para conseguir que se aprueben leyes que detengan este proceso y demás.

En ese momento caes en la mentalidad competitiva y tu poder de crear desaparece por el momento, y lo que es peor, probablemente perderás los movimientos creativos que ya has iniciado.

Sepa que hay incontables millones de dólares en oro en las montañas de la tierra. Hay montañas de tierra que aún no han salido a la luz, y sepa que si no hubiera más, se crearía de sustancia pensante para satisfacer sus necesidades.
Sabed que el dinero que necesitáis vendrá, aunque mañana sea necesario conducir a mil hombres al descubrimiento de nuevas minas de oro. Nunca mires a la oferta visible.

Mira siempre a las riquezas ilimitadas de la sustancia informe y sabe que vendrán a ti.

Nadie que acorrale el suministro visible
puede impedir que obtengas lo que es tuyo.
Así que nunca te permitas pensar ni por un
momento que las mejores obras están
ocupadas antes de que puedas construir tu
casa, a menos que te des prisa.
Nunca permitas que uno preocupe al otro y
viceversa por los trusts y las cosechadoras
y temas que pronto serán dueños de toda la
tierra.

Nunca tengas miedo de perder lo que
quieres porque otro te lo arrebate delante
de tus narices, eso es imposible que ocurra.
Tú no quieres algo que otro posee.
Tú haces que lo que quieres se cree a partir
de una sustancia sin forma, y el suministro
es ilimitado. Cíñete a la afirmación
formulada. Existe una sustancia pensante
de la que están hechas todas las cosas y
que en su estado original impregna los
intersticios del universo. Y, un pensamiento
en esta sustancia produce lo que se
imagina.

El hombre puede moldear las cosas en sus pensamientos e imprimiendo su sustancia informe, puede crear la cosa que piensa. Esta riqueza viene a ti. Cuando digo que no tienes que negociar agudamente, no quiero decir que no tengas que hacer tratos o que estés por encima de la necesidad de negociar con tus semejantes. Quiero decir que no tienes que negociar con él de forma injusta. No tienes que obtener algo a cambio de nada, puedes dar a cada persona más de lo que le quitas.

No puedes dar a cada persona más en valor monetario de lo que le quitas, pero puedes darle más en valor de uso que el valor monetario de lo que le quitas. Puede que el papel, la tinta y otros materiales de este libro no valgan el dinero que pagas por ellos. Pero si la idea sugerida en él te hace ganar miles de dólares, quienes te lo vendieron no han cometido ninguna injusticia. Le han dado un gran valor de utilidad por un pequeño valor monetario.

Supongamos que poseo un cuadro de uno de los grandes artistas que vale miles de dólares en cualquier comunidad civilizada. Lo llevo a Bf'ay y consigo que un esquimal me venda por él un paquete de pieles por valor de 500 dólares. Realmente he cometido una injusticia con él porque no le sirve de nada el cuadro. No tiene ningún valor práctico para él. No enriquecerá su vida.

Pero supongamos que le doy una pistola por valor de 50 dólares a cambio de sus pieles. Le traerá muchas más pieles y mucha comida, enriquecerá su vida en todos los sentidos. Le hará rico. Cuando pasas del nivel de la competencia al nivel de la creación, puedes hacer tu negocio. Y si vendes a alguien algo que enriquece más su vida, añade más a su vida que lo que te dan por ello, puedes permitirte dejar de hacerlo.

No tienes que ganar a nadie en los negocios, y si estás en un negocio que gana a la gente, sal inmediatamente. Dale a cada persona más en valor de uso de lo que le quitas en valor monetario. Entonces contribuye a la vida en el mundo con cada negocio.

Cómo te llega la riqueza

Si dejas que la gente trabaje para ti, tienes que tomar más en valor monetario de tus clientes de lo que pagas a tus trabajadores en salarios. Pero puedes organizar tu empresa de tal manera que esté llena del principio del avance y cada empleado que lo desee pueda avanzar un poco cada día. Puedes hacer que tu empresa haga por tus empleados lo que este libro hace por ellos. Puede dirigir su empresa de modo que sea una especie de escalera, en la que cada empleado que se esfuerce pueda ascender a la riqueza por sí mismo. Si no lo hacen, no es culpa suya.

Y, por último, como la creación de tus riquezas procede de la sustancia informe que impregna todo lo que te rodea, no se deduce que tomen forma de la atmósfera y surjan ante tus ojos.

Si estáis interesados en una máquina de coser, no quiero deciros que imprimáis el pensamiento de una máquina de coser en la sustancia del pensamiento hasta que la máquina haya llegado a existir en la habitación en la que estáis sentados. Pero si quieres una máquina de coser, aférrate a la imagen mental de ella con la certeza más positiva de que se está fabricando o está en camino hacia ti. Una vez que tengas este pensamiento, ten fe absoluta e incondicional en que la máquina de coser llegará. Nunca pienses o hables de ella como algo que está por llegar. Afirma que ya es tuya. Te será traída. Por el poder de la más alta inteligencia trabajando en las mentes de los hombres.

Si vives en Maine, un hombre puede ser traído desde Texas o Japón para hacer una transacción que dará como resultado que consigas lo que quieres.

Si este es el caso, todo el asunto será tan beneficioso para ese hombre como lo es para usted. Como la sustancia pensante está a través de todo en todo y se comunica con todo y puede influir en todos los deseos del pensamiento. La sustancia para una vida más plena y mejor ha causado la creación de todas las máquinas de coser ya hechas, y puede causar la creación de millones más. Y lo hará, si las personas las ponen en movimiento a través del deseo y la fe y actúan de cierta manera. Es seguro que puedes tener una máquina de coser en tu casa. Es igualmente cierto que puedes tener cualquier otra cosa o cosas que desees y que utilizarás para el progreso de tu propia vida y de las vidas de otros que te necesitan.

No dudes en pedir si le place a tu Padre darte el reino, dijo la sustancia original. Jesús quiere que todo lo posible viva en ti y quiere que tengas todo lo que puedas usar o desear para una vida abundante.

Cuando te das cuenta de que tu deseo de poseer riquezas es uno con el deseo de omnipotencia. Tras la plena realización, tu fe se vuelve invencible.

Una vez vi a un niño sentado al piano intentando en vano sacar armonía de las teclas, y vi que estaba angustiado y agitado por su incapacidad de tocar música de verdad. Le pregunté la razón de su desesperación y me contestó: "Puedo sentir la música dentro de mí, pero no consigo que mis manos toquen correctamente". La música en él era el impulso de la sustancia original que contiene todas las posibilidades de toda vida. Todo lo que hay de música buscaba expresión a través del niño. Dios, la sustancia única, intenta vivir a través de la humanidad y hacer cosas a través de la humanidad.

Él dice: "Quiero manos que construyan estructuras maravillosas, que toquen armonías divinas, que pinten cuadros gloriosos". Quiero que los pies hagan mis mandados, que los ojos vean mis bellezas, que las lenguas digan verdades poderosas y canten canciones magníficas, y así sucesivamente. Todo lo que es posible busca su expresión a través de las personas. Dios quiere que los que saben hacer música tengan pianos y cualquier otro instrumento y dispongan de los medios para cultivar al máximo sus talentos. Quiere que los que aprecian la belleza puedan rodearse de cosas bellas.

Quiere que los que reconocen la verdad tengan todas las oportunidades para viajar y observar. Y quiere que los que aprecian la ropa estén bien vestidos y que los que aprecian la buena comida estén bien alimentados. Quiere todas estas cosas porque es él mismo quien las disfruta y las aprecia. Es Dios quien quiere que toquemos y cantemos y disfrutemos de la belleza y proclamemos la verdad y vistamos hermosos vestidos y comamos buenos alimentos.

Es Dios quien obra en vosotros el querer y el hacer, dice Pablo. El deseo que sientes de riquezas es el deseo infinito de expresarse en ti, como se expresaba en un niño al piano.

Así que no tienes que dudar y preguntarte si es tu trabajo expresar los deseos de Dios y expresar los deseos de Dios. Este es un punto difícil con la mayoría de la gente. Conservan algo de la vieja idea de que la pobreza y la abnegación son agradables a Dios.

Ven la pobreza como parte del plan, como una necesidad de la naturaleza y tienen la idea de que Dios ha terminado su obra y ha creado todo lo que puede crear. Y que la mayoría de la gente debe seguir siendo pobre porque no hay suficiente para todos.

Se aferran tanto a esta idea errónea que se avergüenzan de pedir riqueza. Intentan no querer más que una competencia muy modesta, lo justo para sentirse razonablemente cómodos.

Recuerdo el caso de un estudiante a quien se le dijo que debía formarse una imagen clara de las cosas que deseaba para que el pensamiento creador de las mismas pudiera imprimirse en la sustancia informe. Era un hombre muy pobre que vivía en una casa alquilada y solo tenía lo que ganaba diariamente. No podía comprender el hecho de que toda la riqueza le perteneciera.

Después de pensarlo, decidió que razonablemente necesitaba una alfombra nueva para el suelo de su mejor habitación y una estufa de color antracita para calentar la casa durante el frío. Siguiendo las instrucciones del libro, consiguió estas cosas en pocos meses.

Unos meses más tarde, se dio cuenta de que no había pedido lo suficiente. Revisó la casa en la que vivía y planeó todas las mejoras que quería hacerle.

En su mente, fue añadiendo ventanales hasta completar la casa ideal. Y luego planeó el mobiliario, teniendo toda la imagen en su cabeza.

Empezó a vivir así y a avanzar hacia lo que quería. Ahora la casa es suya y la está remodelando a su imagen espiritual, y ahora con una fe aún mayor pasa a conseguir cosas mayores. Le sucedió según su fe, y así es contigo y con todos nosotros.

Cómo se hace

Ratio. Las ilustraciones del último capítulo han transmitido al lector el hecho de que el primer paso para enriquecerse es transmitir a la sustancia informe la idea de tus deseos. Esto es cierto, y usted estará de acuerdo con la inteligencia, sin forma, en una relación armoniosa.

Asegurar esta relación armoniosa es un asunto de naturaleza tan fundamental y vital que le daré algo de espacio a su discusión aquí y te daré instrucciones. "Siguiéndolas llegaréis seguramente a la perfecta unidad de espíritu con Dios". Todo el proceso de ajuste y reconciliación espiritual puede resumirse en una palabra. "Gratitud".

En primer lugar,
crees que existe una sustancia inteligente de la que surgen todas las cosas.

En segundo lugar,
crees que esta sustancia te da todo lo que deseas, y en tercer lugar, conectas con ella a través de un sentimiento de profunda y honda gratitud. Muchas personas que viven bien en todos los demás aspectos se ven sumidas en la pobreza por su falta de gratitud. Después de recibir un regalo de Dios, cortan los cables que les conectan con Él al no darle las gracias.

Es fácil comprender que cuanto más cerca vivimos de la fuente de la riqueza, más riqueza recibimos. Y también es fácil comprender que el alma que es siempre agradecida vive en unión más estrecha con Dios que la que nunca mira hacia Él. En el agradecimiento, cuanto más agradecidos dirijamos nuestros pensamientos al Altísimo, cuando nos sucedan cosas buenas, más cosas buenas recibiremos y más rápido llegarán. Y la razón es simplemente que la actitud espiritual de gratitud pone la mente en contacto más estrecho con la fuente de la que proceden las bendiciones. Si es un pensamiento nuevo para ti, esta gratitud pone toda tu mente en una armonía más estrecha con las energías creativas del universo. Obsérvalo y verás que es verdad. Las cosas buenas que ya tienes han venido a ti.

Han llegado a través de la obediencia a ciertas leyes. La gratitud guiará tu mente a lo largo de los caminos, las formas en que las cosas vienen, y te mantendrá en estrecha armonía con el pensamiento creativo. Los pensamientos y la gratitud evitarán que caigas en el pensamiento competitivo.

La gratitud por sí sola puede mantener tus ojos en el panorama general y evitar que caigas en la era de pensar que la oferta es limitada, y eso sería fatal para tus esperanzas. Existe una ley de la gratitud y es absolutamente esencial que la observes si quieres conseguir los resultados que deseas. La ley de la gratitud es el principio natural de que la acción y la reacción son siempre iguales y en direcciones opuestas. La extensión agradecida de tu espíritu en alabanza agradecida al Altísimo es una fuerza libertaria o exponencial. ¿No puede dejar de alcanzar aquello a lo que se dirige, y la reacción es un movimiento instantáneo en la dirección en que tú eres atraído hacia Dios y Él será atraído hacia ti?

Esta es una declaración de verdad psicológica, y si tu gratitud es fuerte y constante, la reacción en la sustancia informe será fuerte y constante. El movimiento de las cosas que deseas siempre vendrá hacia ti. Observa la actitud de gratitud que tenía Jesús. Parece decir siempre: "Te doy gracias, Padre, porque me has escuchado".

Sin gratitud, no puedes ejercer mucho poder. Porque es la gratitud la que te trae bendiciones.

Pero el valor de la gratitud no es solo que te trae más bendiciones en el futuro. Sin gratitud, no puedes sentirte contento por cómo son las cosas durante mucho tiempo. En el momento en que permites que tu mente esté insatisfecha con las cosas tal como son, pierdes terreno. Fijas la atención en lo ordinario, lo pobre, lo miserable y lo mezquino, y tu mente toma la forma de estas cosas. Entonces transfieres estas formas o la imagen mental a lo informe, y lo común, lo pobre, lo miserable y lo mezquino vendrán a ti para permitir que tu mente se ocupe de lo inferior. Esto significa volverse inferior y con cosas inferiores.

Si, por el contrario, centras tu atención en lo mejor, te rodeas de lo mejor y te conviertes en lo mejor. El poder creativo que hay en nosotros nos convierte en la imagen de aquello a lo que dedicamos nuestra atención. Somos sustancia pensante y pensamos.

La sustancia siempre toma la forma de aquello en lo que piensa. La mente agradecida se fija constantemente en lo mejor, por lo que tiende a convertirse en lo mejor. Adopta la manera o el carácter de lo mejor y es recibida. La fe también nace de la gratitud.

El espíritu agradecido espera constantemente cosas buenas, y la expectativa se convierte en fe. La respuesta de gratitud al propio espíritu genera fe, y cada oleada saliente de agradecimiento refuerza la fe. Quien no tiene un sentimiento de gratitud no puede mantener una fe viva durante mucho tiempo, y sin una fe viva no se puede llegar a ser rico por el método creativo, como veremos en los capítulos siguientes.

Cómo utilizar la voluntad

Por lo tanto, es necesario cultivar el hábito de agradecer todo lo bueno que nos llega. Agradecer y dar gracias constantemente. Y como todas las cosas han contribuido a tu progreso, debes incluir todas las cosas en tu gratitud. No pierdas el tiempo pensando o hablando de los defectos o las malas acciones de los plutócratas o los jefes de un trust. La organización del mundo se ha asegurado de que todas las oportunidades que recibas sean en realidad solo para tu beneficio. No critiques a los políticos corruptos. Si no fuera por los políticos, caeríamos en la anarquía y tus oportunidades se verían gravemente limitadas.

Dios ha trabajado mucho tiempo y con mucha paciencia para llevarnos donde estamos ahora en la industria y el gobierno. (Es el año 1905 a 1910 cuando se escribió el libro y las condiciones eran tales.), y continúa su trabajo. No hay la menor duda de que abolirá a los plutócratas. Confía en los magnates, en los capitanes de la industria y en los políticos en cuanto puedan librarse de ellos, pero mientras tanto, recuerda que todos son excelentes.

Recuerda que todos ellos están ayudando a organizar los canales de transmisión a través de los cuales te llegarán tus riquezas y sé agradecido con ellos. Todo esto te llevará a relaciones armoniosas, con lo bueno que hay en todo y lo bueno que hay en todo, si piensas de cierta manera, les ayudará. Vuelve al capítulo y lee de nuevo la historia del hombre que se hizo una imagen mental de su casa y tendrás una buena idea del primer paso en el camino hacia la riqueza. Debes tener una imagen mental clara e inequívoca de lo que quieres. No puedes comunicar una idea si tú mismo no la tienes, necesitas tener una idea de lo que quieres antes de poder comunicarlo.

Y muchas personas no consiguen impresionar a la sustancia pensante porque ellas mismas solo tienen una idea vaga y nebulosa de las cosas que quieren hacer, tener o llegar a ser.

No basta con tener un deseo general de riqueza para hacer el bien con ella; todo el mundo tiene este deseo. No basta con tener el deseo de viajar, de ver más cosas, de experimentar más, etcétera. Todo el mundo tiene estos deseos. Además, si enviaras un mensaje inalámbrico a un amigo, no le enviarías las letras del alfabeto en su orden y dejarías que compusiera el mensaje por sí mismo, ni utilizarías las palabras del diccionario al azar. Enviarías una frase coherente, que signifique algo.

Si intentas imponer tus deseos sobre el fondo, recuerda que lo harás a través de una frase coherente. Tienes que saber lo que quieres y expresarte con claridad. Nunca podrás hacerte rico ni poner en marcha la fuerza creadora teniendo deseos sin forma, anhelantes y vagos. Revisa tus deseos como el hombre que he descrito revisó su casa.

Ve exactamente lo que quieres y hazte una imagen mental clara de cómo quieres que sea. Cuando tengas esta imagen mental clara, debes tenerla constantemente delante de ti, igual que el marinero tiene delante el puerto hacia el que se dirige con su barco. Debes tener la cara dirigida hacia él en todo momento. No debes perderla de vista, igual que el timonel no pierde de vista la brújula.

No es necesario hacer ejercicios de concentración, ni reservar momentos especiales para la oración y las afirmaciones, ni ponerse en silencio, ni hacer trucos de ningún tipo. Estas cosas son suficientes, pero todo lo que necesitas es saber lo que quieres y desearlo lo suficiente como para mantenerlo en tus pensamientos.

Pasa todo el tiempo libre que puedas mirando tu imagen, pero nadie necesita hacer ejercicios para centrar su mente en una cosa que realmente quiere.

Son las cosas que realmente no te importan las que requieren un esfuerzo para centrar tu atención en ellas. Pero si realmente no quieres hacerte rico, entonces ese deseo es lo suficientemente fuerte como para sostenerte, como el polo magnético sostiene la aguja de la brújula. Difícilmente valdrá la pena que intentes seguir las instrucciones dadas en este libro.

Los métodos aquí expuestos son para personas cuyo deseo de riqueza es lo suficientemente fuerte como para vencer la inercia mental y el amor a la facilidad y hacerlos funcionar. Cuanto más clara y definida sea tu imagen y más te ocupes de ella, más fuerte será tu deseo. Y cuanto más fuerte sea tu deseo, más fácil será alcanzar tu objetivo, más fácil será fijar tu mente en la imagen de lo que quieres. Sin embargo, hace falta algo más que ver la imagen con claridad.

Si eso es todo lo que haces, no eres más que un soñador y tienes poco o ningún poder para realizarlo. Detrás de tu visión clara debe estar la intención de realizarla, y detrás de esa intención debe haber una fe invencible e inquebrantable. La creencia de que la cosa ya es tuya, que está ahí y todo lo que tienes que hacer es tomar posesión de ella. Vive en la nueva casa, en tus pensamientos, hasta que tome forma física a tu alrededor, en el mundo espiritual. Entra en ella una vez que disfrutes plenamente de las cosas que deseas, de todo lo que pidas. Cuando reces, cree que las recibirás, y las tendrás, dijo Jesús.

Mira las cosas que quieres como si estuvieran a tu alrededor todo el tiempo. Imagínate poseyéndolas y utilizándolas. Utilízalas en la imaginación como las utilizarás cuando sean tu posesión tangible. Permanece en tu imagen mental hasta que sea clara y nítida, y luego adopta la actitud mental de posesión hacia todo lo que hay en esa imagen. Tómalo en tu mente con la plena convicción de que es tuyo. Aférrate a esta posesión mental. No vaciles ni un momento en la creencia de que es real. Y recuerda lo que se dijo en un capítulo anterior sobre la gratitud. Sé siempre tan agradecido como esperas serlo cuando haya tomado forma.

La persona que puede agradecer sinceramente a Dios las cosas que aún no posee. Solamente un engreído tiene verdadera fe. Se hará rico. Logrará la creación de todo lo que desea. No es necesario rezar repetidamente por las cosas que desea. No es necesario decírselo a Dios todos los días. No uséis vanas repeticiones, como hacen los paganos, dijo Jesús a sus discípulos. Porque vuestro Padre sabe que necesitáis esas cosas antes de que se las pidáis. Vuestra tarea consiste en formular inteligentemente vuestro deseo de las cosas que constituyen una vida más grande. Formular y organizar esos deseos en un todo coherente e imprimir ese todo en la sustancia informe que tiene el poder y la voluntad de traerte lo que quieres. Esta impresión no se consigue repitiendo cadenas de palabras. La haces manteniendo la visión con la intención inquebrantable de alcanzarla y con la fe inquebrantable de que la alcanzarás. La respuesta a la oración no es según tu fe mientras hablas, sino según tu fe mientras trabajas. No puedes impresionar al Espíritu de Dios.

No puedes impresionar a Dios escogiendo uno de los días de reposo para decirle lo que quieres y olvidándote de ello el resto de la semana.

No puedes impresionarle pasando horas especiales en tu armario orando, si luego apartas el asunto de tu mente hasta que llegue de nuevo la hora de la oración. La oración verbal es suficientemente buena y tiene su efecto principalmente en ti mismo, aclarando tu visión y fortaleciendo tu fe.

Pero no son tus peticiones verbales las que te traerán lo que deseas para hacerte rico. No necesitas una buena sesión de oración.

Necesitas rezar sin cesar, rezar, y por rezar quiero decir aferrarte a tu visión con el objetivo de darle forma sólida, y creer que lo haces, creer que lo recibes. Todo consiste en recibir una vez que has formado claramente tu visión.

Cuando la hayas formado, es bueno hacer una declaración verbal diciendo eso y una oración reverente, y a partir de ese momento debes recibir en espíritu lo que pides.

Vive en la nueva casa, ponte la ropa bonita, viaja en el coche, emprende el viaje y planea con confianza viajes mayores. Piensa y habla de todas las cosas que has pedido en términos de posesiones presentes.

Imagina un entorno y una fuente de financiación exactamente como quieres que sean, y vive permanentemente en ese entorno imaginario. Asegúrate, sin embargo, de que no lo haces como un mero soñador y constructor de castillos, sino que

te aferras a la creencia de que lo imaginario
se hará realidad y al objetivo de realizarlo.

Recuerda que es la fe y la intención en el
uso de la imaginación lo que marca la
diferencia entre el científico y el soñador. Y
habiendo aprendido este hecho, aquí tienes
que aprender el uso correcto de la voluntad.

Cómo usar la fuerza de voluntad para hacerse rico a la manera científica.

No intentes usar tu fuerza de voluntad en
nada fuera de ti mismo. No tienes derecho
a hacerlo. Está mal usar tu voluntad sobre
otros hombres y mujeres para conseguir
que hagan lo que tú quieres.
Está tan mal forzar a la gente por la fuerza
mental como por la fuerza física. Obligar a
la gente a hacer cosas por ti por la fuerza
física los reduce a la esclavitud, forzarlos

por medios mentales logra exactamente lo mismo. La única diferencia está en los métodos. Si tomar cosas de la gente por la fuerza física es robo, tomar cosas de la gente por la fuerza mental también es robo. Tampoco hay diferencia de principio. No tienes derecho a utilizar tu fuerza de voluntad sobre otra persona.

Aunque sea por su propio bien, porque no sabes lo que es por su bien. La ciencia de hacerse rico no requiere que ejerzas fuerza sobre otra persona ni que la utilices de ninguna manera. No hay la menor necesidad de hacerlo. De hecho, cualquier intento de ejercer su voluntad sobre los demás solamente le hará perder su objetivo. No necesitas aplicar tu voluntad a las cosas para forzarlas a venir a ti, eso sería simplemente intentar forzar a Dios.

Sería tonto e inútil, además de irrelevante. No necesitas forzar a Dios para que te dé cosas buenas, como tampoco necesitas usar tu voluntad para que salga el sol. No tienes que usar tu fuerza de voluntad para derrotar a una deidad hostil o para conquistar fuerzas rebeldes e ingobernables. La sustancia que te pide es amable contigo y está más ansiosa por darte lo que quieres que tú mismo por conseguirlo para enriquecerte. Solamente tienes que usar tu fuerza de voluntad contigo mismo. Si sabes lo que debes pensar y hacer, entonces debes usar tu voluntad para obligarte a pensar y hacer las cosas correctas.

Este es el uso legítimo de la voluntad para conseguir lo que quieres y mantenerte en el camino correcto. Utiliza tu fuerza de voluntad para obligarte a pensar y actuar de una determinada manera. No intentes proyectar tu voluntad o tus pensamientos o tu mente en el espacio para afectar a cosas o personas, mantén tu mente en casa. Allí puede hacer más que en ningún otro sitio.

Usa tu mente para formar una imagen mental de lo que quieres y mantén esa visión con fe y propósito, usando tu voluntad para llevar tu mente por el camino correcto. Cuanto más consistentes y continuos sean su fe y su propósito, más rápido se hará rico. Esto se debe a que solo harás impresiones positivas en la sustancia y no las neutralizarás o compensarás con impresiones negativas. La imagen de tus deseos será absorbida por el Sin Forma e impregnará vastas extensiones del universo.

Por lo que sé, a medida que esta impresión se propaga, todas las cosas se preparan para su realización. Cada ser vivo, cada ser inanimado y las cosas aún no creadas son estimulados a realizar lo que deseas. Todo el poder se ejerce en esta dirección, todas las cosas comienzan a moverse hacia ti.

Las mentes de la gente en todas partes son influenciadas para hacer las cosas necesarias para el cumplimiento de tus deseos, e inconscientemente trabajan para ti. Pero puedes evitar todo esto haciendo una impresión negativa en la sustancia informe. La duda o la incredulidad provocarán con la misma seguridad un movimiento de alejamiento. Desencadenan un movimiento lejos de ti, igual que la creencia y la intención desencadenan un movimiento hacia ti. Porque la mayoría de la gente que intenta utilizar la ciencia espiritual y hacerse rica fracasa.

Cada hora y cada momento que pasas prestando atención a las dudas y los miedos, cada hora que pasas preocupándote, cada hora que tu alma está poseída por la incredulidad. Aleja de ti una corriente hacia todo el reino de la sustancia, de la inteligencia.

Todas las promesas son para los que creen, y solo para ellos. Ya que Jesús insistió en este punto de la fe, y ahora sabes por qué. Porque la fe es tan importante, cuida tus pensamientos, porque tu fe será grandemente moldeada, o muy moldeada, por las cosas que observas y piensas. Es relevante que domines tu atención y oigas a la voluntad entrar en juego, pues por tu voluntad determinas las cosas en las que se centrará tu atención. Si quieres hacerte rico, no debes preocuparte

por la pobreza. Las cosas no nacen
pensando en sus opuestos.
La salud no se consigue estudiando la
enfermedad y pensando en la enfermedad.
La rectitud no se promueve estudiando y
pensando en el pecado

.

Y nadie se ha hecho rico estudiando y
pensando en la pobreza.

La medicina como ciencia de la enfermedad
ha incrementado la enfermedad. La religión
como ciencia del pecado ha promovido el
pecado, y la economía como ciencia de la
pobreza llenará el mundo de miseria y
necesidad.

No habléis de la pobreza, no la estudiéis,
no os ocupéis de ella. No os preocupéis por
sus causas. No tienen nada que ver con
ella. Lo que os importa es la cura. No
dediquéis vuestro tiempo a obras de
caridad ni a movimientos caritativos. Toda
caridad tiene como único objetivo perpetuar
la miseria que se supone que debe eliminar.

No estoy diciendo que debas ser duro de corazón o poco amable y negarte a escuchar el clamor de la necesidad, pero no debes tratar de eliminar la pobreza de la manera convencional. Deja atrás la pobreza y todo lo que está relacionado con ella y haz algo bueno, hazte rico. Esa es la mejor manera de ayudar a los pobres y no puedes aferrarte a la imagen mental que supuestamente te hará rico. Pero si llenas tu mente con imágenes de pobreza.

No leas libros ni periódicos que describan la miseria de los habitantes de los conventillos, los horrores del trabajo infantil, etcétera. No leas nada que llene tu mente. No puedes ayudar a los pobres y a los últimos con imágenes sombrías de penuria y sufrimiento si conoces estas cosas. Y el conocimiento generalizado de estas cosas no contribuye en nada a erradicar la pobreza.

La pobreza. Lo que ayuda a erradicar la pobreza no es meter imágenes de pobreza en la cabeza de los pobres, sino imágenes de riqueza. No abandonas a los pobres en su miseria si te niegas a llenar tu mente con imágenes de esa miseria.

No se puede eliminar la pobreza aumentando el número de personas ricas que piensan en la pobreza. Las personas que piensan en la pobreza no pueden ayudar, solo aumentan el número de pobres que necesitan ayuda.
Los pobres no necesitan caridad, necesitan inspiración.

La caridad solo les envía una hogaza de pan para mantenerles vivos en su miseria o les da un entretenimiento para hacerles olvidar durante una o dos horas. Pero la inspiración les hará salir de su miseria. Si quieres ayudar a los pobres, demuéstrales que pueden hacerse ricos, y demuéstralo haciéndote rico tú mismo. La única manera de que la pobreza desaparezca de este mundo es que un número cada vez mayor de personas ponga en práctica las enseñanzas de este libro. Hay que enseñar a la gente a enriquecerse, creando, no compitiendo.

Todo hombre que se enriquece a través de la competencia deja atrás la escalera por la que sube y mantiene a los demás abajo. Pero todo hombre que se enriquece a través de la creación abre el camino para que miles le sigan y les inspira a inspirar. No demuestras dureza de corazón ni insensibilidad. Cuando te niegas a compadecerte de la pobreza, a ver la pobreza, a leer sobre la pobreza, a pensar o hablar sobre la pobreza, o a escuchar a quienes hablan de ella. Usa tu fuerza de voluntad para apartar tu mente del tema de la pobreza y centrarla con fe e intención en la visión de lo que quieres.

Más uso de la voluntad. No puedes mantener una visión verdadera y clara de la riqueza si centras constantemente tu atención en imágenes opuestas, ya sean externas o imaginarias. No cuentes tus dificultades pasadas de carácter financiero. Si has tenido alguna, no pienses en ello. No hables de la pobreza de tus padres ni de las penurias de tus primeros años de vida. Si lo haces, te colocas mentalmente entre los pobres, y eso seguramente desviará las cosas en tu dirección; no te harás rico.

Deja que los muertos entierren a sus muertos. Como dijo Jesús, deja la pobreza y todo lo que conlleva. Dejad la pobreza por completo. Han aceptado como correcta una determinada teoría del universo y han cifrado en ella todas sus esperanzas de felicidad.

¿No ganas cuando te enfrentas a teorías contradictorias? No leas libros religiosos que te digan que el mundo está a punto de acabarse, y no leas los escritos de tragones, reels y filósofos pesimistas que te digan que se va al diablo. El mundo no se va al diablo. Va hacia Dios. Es una maravillosa realización. Puede haber muchas cosas, muchas cosas en las condiciones existentes que son desagradables. Pero ¿de qué sirve estudiarlas si es seguro que pasarán y si el

estudio de ellas solo sirve para detener su paso y mantenerlas con nosotros?
¿Para qué gastar tiempo y atención en cosas que se eliminan mediante el crecimiento evolutivo?

¿Se pueden eliminar con el crecimiento cuando su eliminación solo se puede acelerar fomentando el crecimiento evolutivo? En cuanto a tu parte, no importa los terribles y aparentes que sean las condiciones.

Estás perdiendo el tiempo y destruyendo tus propias oportunidades.
Deberías estar interesado en hacer rico al mundo. Piensa en la riqueza que el mundo está ganando en lugar de la pobreza de la que está saliendo.

Y recuerda que solo puedes ayudar al mundo a hacerse rico, haciéndote rico tú mismo, a través del método creativo, no del método competitivo.

Dedica toda tu atención a la riqueza. Ignora la pobreza. Siempre que pienses o hables de los pobres, piensa y habla de ellos como de los que se están enriqueciendo. Como aquellos a los que se felicita en lugar de compadecer.

Entonces ellos y otros se sentirán inspirados y buscarán una salida. Que yo diga que dediques todo tu tiempo, mente y pensamientos a hacerte rico no significa que no debas ser ordenado o mezquino. Hacerse verdaderamente rico es la meta de la nobleza.

Que se puede tener en la vida, pues incluye todo lo demás entre competencia. La lucha por enriquecerse es una lucha impía por el poder sobre los demás. Pero cuando entramos en el espíritu creativo, todo eso cambia. Todo lo que pudiera interponerse en el camino de la grandeza y del alma y en el despliegue del servicio y de la aspiración sublime, también pasa por enriquecerse. Se hace todo, posible mediante y el uso de las cosas. Si careces de salud física, descubrirás que su consecución depende de que te enriquezcas. Solo aquellos que están libres de preocupaciones financieras y tienen los medios para llevar una vida despreocupada y seguir prácticas higiénicas pueden tener y mantener la salud.

La grandeza moral y espiritual solo es posible para quienes están por encima de la competencia, de la lucha por la existencia y solo para quienes se enriquecen en pensamiento creativo.

Libre de las influencias degradantes de la competencia. Si tu corazón está puesto en la felicidad doméstica, el amor prospera mejor, donde hay refinamiento, un alto nivel de pensamiento y libertad de influencias corruptoras. Y esto solamente se encuentra allí donde la riqueza se logra mediante la presencia de un pensamiento creativo, sin luchas ni rivalidades.

No se puede aspirar a nada tan grande y noble. Repito, para llegar a ser rico, debes fijar tu atención en tu imagen mental de la riqueza y apartar todo lo que nuble la visión o tienda a oscurecerla. Debes aprender a ver la verdad subyacente en todas las cosas. Debes ver, detrás de todas las condiciones aparentemente falsas, la gran vida única que continuará evolucionando hacia la plena expresión y la felicidad perfecta.

Es la verdad que no existe la pobreza, que solamente existe la riqueza. Algunas personas permanecen en la pobreza porque no saben que hay riqueza para ellas. Y a estas se les puede enseñar mejor, mostrándoles el camino hacia la riqueza en su propia persona y práctica. Otros son pobres porque intuyen que hay una salida, pero son demasiado perezosos intelectualmente para hacer el esfuerzo mental necesario para encontrar y recorrer ese camino.

Y para estas personas, lo mejor que puedes hacer es despertar su deseo, mostrándoles la felicidad que proporciona ser justamente rico. Otros son pobres porque tienen alguna idea de la ciencia, pero están tan perdidos en el laberinto de las teorías metafísicas y ocultistas que no saben qué camino tomar. Intentan una mezcla de muchos sistemas y fracasan en todos ellos

Cómo utilizar su voluntad

Para ellos, también, lo mejor es mostrar el camino correcto en tu propia persona y practicar que una onza de acción vale más que una libra de teorías. Lo mejor que puedes hacer por el mundo entero es sacar lo mejor de ti mismo.
No puedes servir a Dios y a la gente de manera más eficaz que haciéndote rico. Es decir, cuando te haces rico por el método creativo, un método que te hace rico y no por el método competitivo.

Además, afirmamos que este libro detalla los principios de la ciencia de hacerse rico, y si eso es cierto, no necesitas leer ningún otro libro sobre el tema. Esto puede sonar estrecho de miras y egoísta, pero recuerde que en matemáticas no hay método de compilación más científico que la suma, la resta, la multiplicación y la división. No hay otro método posible.

Solo puede haber una distancia más corta entre dos puntos. Y solo hay una manera de pensar científicamente, y es la que conduce a la meta de la forma más directa y sencilla. Nadie ha formulado nunca un sistema más corto o menos complejo que el que aquí se presenta. Está despojado de todo lo no esencial.

Cuando empieces con él, deja a un lado todo lo demás, olvídalo por completo. Lea este libro todos los días, llévelo consigo, memorícelo y no piense en otros sistemas y teorías. Si lo haces, empezarás a dudar y te volverás inseguro e inconstante, y entonces empezarás a fracasar después de haberlo conseguido y de haberte hecho rico.

Puedes estudiar otros sistemas todo lo que quieras, pero hasta que no estés completamente seguro de haber conseguido lo que quieres, no leas nada, solo este libro. A menos que sean los autores mencionados en los créditos iniciales. Y lee solo los comentarios más optimistas sobre las noticias del mundo que coincidan con tu imagen.

Además, aplaza tus investigaciones sobre ocultismo.

No te metas en filosofía. Es muy probable que los muertos sigan vivos y rondando por ahí. Dondequiera que estén los espíritus de los muertos, tienen su propio trabajo que hacer y sus propios problemas que resolver.

No tenemos derecho a inmiscuirnos en sus asuntos. No podemos ayudarles y es muy dudoso que ellos puedan ayudarnos o que tengamos derecho a entrometernos en su tiempo. Si pueden dejar en paz a los muertos y al más allá y resolver su propio problema, se harán ricos. Si empiezan a ocuparse de lo oculto, desencadenarán corrientes cruzadas espirituales que seguramente desbaratarán sus esperanzas. Ahora bien, este y los capítulos siguientes nos han llevado a la siguiente exposición de hechos básicos. Existe una sustancia pensante de la que están hechas todas las cosas y que en su estado original llena los espacios interiores del universo.

Un pensamiento en la sustancia crea la cosa que el pensamiento imagina. El hombre puede moldear cosas en sus pensamientos e imprimiendo sus pensamientos en la sustancia informe puede hacer que se cree la cosa que piensa.

Para ello, el hombre debe pasar de la mente competidora a la mente creadora. Debe formarse una imagen mental clara de las cosas que quiere y mantener esta imagen en su mente con la firme intención de que conseguirá lo que quiere. Debe cerrar su mente a todo lo que pueda hacer, tambalear su propósito, nublar su visión o suprimir su fe.

Además de todo esto, ahora veremos que debe vivir y actuar de una determinada manera. El pensamiento es la fuerza creativa o impulsora que te ayuda a que tu pensamiento de una determinada manera te traiga riqueza. Pero no debe confiar solo en el pensamiento y no prestar atención a la acción personal.

Esta es la roca en la que muchos pensadores metafísicos, por lo demás científicos, fracasan, naufragan: la incapacidad de conectar el pensamiento con la acción personal. Aún no hemos alcanzado la etapa de desarrollo en la que el hombre puede crear cosas directamente a partir de una sustancia informe, sin el proceso de la naturaleza o el trabajo de las manos humanas.

El hombre no solo debe pensar, sino que su acción personal debe reforzar su pensamiento a través de su poder espiritual.

Puede traer a sí mismo el oro que hay en el corazón de las montañas. Pero no se extraerá por sí mismo, no se refinará por sí mismo, no se acuñará en águilas dobles y no rodará por las calles buscando su camino hacia tu bolsillo. Bajo el poder impulsor del espíritu supremo. Los asuntos de los hombres estarán tan ordenados que alguien se encargará de extraer el oro para ti.

Los asuntos de los demás se ordenarán de tal manera que el oro llegará a ti, y tú debes ordenar tus propios asuntos de tal manera que seas capaz de recibirlo cuando llegue a ti.

Tu pensamiento hace que todas las cosas vivas y no vivas trabajen para traerte lo que deseas. Pero tu actividad personal debe ser tal que puedas recibir adecuadamente lo que deseas cuando te llegue. No debes tomarlo como caridad ni robarlo. Debes dar a cada persona más en valor de uso de lo que te da en valor monetario.

El uso científico del pensamiento consiste en formarse una imagen mental clara y distinta de lo que se desea. Mantener la intención de obtener lo que deseas y reconocer con fe agradecida que obtendrás lo que deseas.

No intentes proyectar tus pensamientos de forma dudosa u oculta, con la idea de que supongan hacer las cosas por ti, esto es un esfuerzo baldío y debilita tu poder de pensar con entendimiento. El efecto de los pensamientos y enriquecerse se explica en los capítulos siguientes.

Tu fe y tu intención moldean positivamente tu visión sobre la sustancia informe que tiene el mismo deseo de vida que tú, y esta visión recibida por ti pone en movimiento todas las fuerzas creadoras en y a través de sus canales regulares de acción. Pero se dirigen hacia ti. No es tu trabajo dirigir o supervisar el proceso creativo. Todo lo que tienes que hacer es mantener tu visión, aferrarte a tu propósito y mantener tu fe y gratitud

Actuar de una determinada manera

Mantén la gratitud, pero debes actuar de cierta manera para que puedas apropiarte de lo que es tuyo. Cuando llegue a ti para que puedas encontrarte con las cosas que tienes a tu imagen y ponerlas en su lugar cuando lleguen. Podrás reconocerlo fácilmente cuando las cosas lleguen a ti. Estarán en manos de otras personas que exigirán valor por ellas y solo podrás conseguir lo que es tuyo dando a la otra persona lo que es suyo.

Tu cartera no se convertirá en un monedero que siempre estará lleno de dinero sin ningún esfuerzo por tu parte. Este es el punto crucial en la ciencia de hacerse rico,

justo aquí, donde el pensamiento y la acción personal deben combinarse.
Hay muchas personas que consciente o inconscientemente ponen en movimiento las fuerzas creativas. Las ponen en movimiento a través del poder y la perseverancia de sus deseos, pero siguen siendo pobres porque no se aseguran de recibir lo que desean.

Si llega a través del pensamiento, la cosa que deseas llegar a ti a través de la acción. Lo recibes, sea cual sea tu acción.

Es obvio que debes actuar ahora. No puedes actuar en el pasado, y es por la claridad de tu visión espiritual que destierras el pasado de tu mente. No puedes actuar en el futuro, porque el futuro aún no ha llegado. Y no puedes saber cómo actuarás en una situación futura hasta que esa situación haya llegado, porque no estarás en el momento, la empresa o el entorno adecuados.

Así que no pienses que tienes que posponer tus acciones hasta que estés en el negocio o entorno adecuado. Y no pierdas tiempo en el presente pensando en la mejor forma de actuar en posibles emergencias futuras. Confía en tu capacidad para hacer frente a cualquier emergencia cuando llegue. Si actúas en el presente mientras piensas en el futuro, tus acciones presentes serán con la mente dividida y serás ineficaz. Pon toda tu mente en la acción, en el presente.

No des tu impulso creativo a la sustancia original y luego te sientes a esperar los resultados. Si haces eso, nunca serás capaz de actuar ahora. Nunca hay otro momento que no sea ahora y nunca lo habrá. Pero si quieres comenzar ahora a prepararte para recibirlo, debes comenzar ahora, y tu acción, cualquiera que sea. Lo más probable es que sea en tu negocio u ocupación actual y debe relacionarse con la gente y las cosas de tu entorno actual.

No puedes actuar donde no estás. No puedes actuar por qué si has estado allí, y no puedes actuar donde estarás en el futuro. Solo puedes actuar donde estás. No te preocupes por si el trabajo de ayer se hizo bien o mal. Haz bien el trabajo de hoy, no intentes hacer ahora el de mañana. Ya habrá tiempo de hacerlo cuando llegue el momento.

No intentes utilizar medios ocultistas o místicos para influir en personas o cosas que están fuera de tu alcance. No esperes a que cambie el entorno para actuar. Cambia tu entorno mediante la acción. Puedes influir en el entorno en el que te encuentras ahora, de tal manera que permitas que te trasladen a un entorno mejor. Mantén con fe e intención la visión de ti mismo y del entorno mejor, pero actúa en tu entorno actual, con todo tu corazón, con todas tus fuerzas y con toda tu mente.

No pierdas el tiempo soñando despierto o construyendo castillos. Aférrate a la única visión de lo que quieres y actúa ahora. No busques una cosa nueva que hacer o un acto extraño, inusual o notable como primer paso para hacerte rico.

Cómo encontrar el lugar adecuado

Es probable que tus acciones, al menos durante algún tiempo, sean las mismas que has venido haciendo. Pero deberías empezar ahora a llevar a cabo esas acciones de la forma específica que seguro que te hará rico si estás en un negocio y sientes que no es el adecuado para ti. No espere a encontrar el negocio adecuado para empezar a actuar. No te sientas desanimado ni te lamentes porque estás fuera de lugar. Ningún hombre ha estado tan fuera de lugar que no haya podido encontrar el lugar correcto, y ningún hombre ha estado tan atrapado en el negocio equivocado que no haya podido entrar en el negocio correcto.

Mantén la visión de ti mismo en el negocio correcto con la meta de entrar ahí y la creencia de que lo lograrás y lo lograrás, pero actúa en tu negocio actual.
Utiliza tu negocio actual como medio para conseguir uno mejor, y utiliza tu entorno actual como medio para entrar en uno mejor. Tu visión del negocio correcto, si persigues tu visión del negocio correcto con confianza y propósito, el supremo te traerá el negocio correcto.

Tus acciones, si las ejecutas de cierta manera, harán que estés preparado para el negocio. Si eres un empleado o asalariado y sientes que necesitas cambiar de trabajo para conseguir lo que quieres. No proyectes tus pensamientos en la habitación y confíes en que te conseguirán otro trabajo. Eso probablemente no funcionará. Mantén la visión de ti mismo en el trabajo que quieres, mientras actúas con fe y propósito en el trabajo que tienes, y seguramente conseguirás el trabajo que quieres.

Tu visión y tu creencia pondrán en marcha la fuerza creativa y te la traerán, y tu acción hará que las fuerzas de tu propio entorno te lleven al lugar que deseas. Para concluir este capítulo, añadimos una afirmación más a nuestro currículum.

Existe una sustancia pensante de la que están hechas todas las cosas y que en su estado original impregna, impregna y llena los espacios interiores del universo.
Un pensamiento en la sustancia crea la cosa que es representada por el pensamiento. El hombre puede moldear cosas en su pensamiento e imprimiendo su pensamiento en la sustancia informe, se crea la cosa en la que piensa. Para ello, el hombre debe pasar de la mente competidora a la mente creadora. Debe formarse una imagen mental clara de las cosas que quiere y mantener esta imagen en su mente con la firme intención de conseguir lo que quiere y la creencia

inquebrantable de que conseguirá lo que quiere. Y cerrar su mente a cualquier cosa que pueda hacer tambalear su objetivo. Sacudir su intención, nublar su visión o destruir su creencia de que conseguirá lo que quiere.

Llegado el momento, el hombre debe prestar atención a las personas y las cosas de su entorno actual. Debe actuar con eficacia. Debe utilizar sus pensamientos como se describe en los capítulos anteriores y empezar a hacer lo que puede hacer donde está. Solo podrá avanzar si es más grande que su lugar actual.
Y ningún hombre es más grande que su lugar actual si deja sin hacer algo del trabajo que pertenece a ese sitio. El mundo solo avanza con aquellos que llenan con creces su sitio actual.

Si nadie ocupa completamente su sitio actual, se puede ver que debe haber un retroceso en todo lo que aquellos que no ocupan completamente su espacio actual son un peso muerto para la sociedad, el gobierno, el comercio y la industria. Deben ser soportados por otros, a un gran costo. El progreso del mundo solo se ve frenado por los que no ocupan su sitio

.

Pertenecen a una época anterior, a una etapa inferior o a un juego inferior de la vida, y su tendencia es a degenerar. Ninguna sociedad podría evolucionar si cada hombre fuera más pequeño que su lugar.

La evolución social sigue la ley de la evolución física y mental en el mundo animal. La evolución es causada por un exceso de vida. Cuando un organismo tiene más vida de la que puede expresar en las funciones de su propio nivel, desarrolla los órganos de un nivel superior. Se crea una nueva especie. Nunca habría habido nuevas especies si no hubiera habido organismos que llenaran con creces su lugar. Esta ley también se aplica a ti. Que te hagas rico depende de que apliques este principio a tus propios asuntos.

Cada día es un día de éxito o un día de fracaso, y son los días de éxito los que te traen lo que quieres. Si cada día es un fracaso, nunca podrás hacerte rico.

Pero si cada día es un éxito, no puedes dejar de hacerte rico. Y si hay algo que se puede hacer hoy y no lo haces, has fracasado en el asunto y las consecuencias pueden ser más desastrosas de lo que imaginas. No puedes prever las consecuencias de la acción más trivial. No conoces el funcionamiento de todas las fuerzas, las fuerzas que se han puesto en movimiento a tu favor, y dependiendo de lo que hagas, acciones, puede ser lo que abra la puerta a enormes posibilidades.

Nunca se puede saber todas las combinaciones que la inteligencia más alta En el mundo de las cosas y los asuntos humanos puede hacer su negligencia o su falta de hacer una pequeña cosa. Puede provocar un gran retraso en lo que quieres hacer cada día. Todo lo que se pueda hacer ese día, hazlo.

Hay una limitación

Sin embargo, hay una limitación o restricción a lo anterior que debes tener en cuenta. No debes trabajar en exceso y lanzarte ciegamente a tu negocio para hacer el mayor número de cosas en el menor tiempo posible. No debes intentar hacer hoy el trabajo de mañana o el trabajo de una semana en un solo día. En realidad, lo que cuenta no es el número de cosas que haces, sino la eficacia de cada acción individual. Cada acción en sí misma es un éxito o un fracaso. Cada acción en sí misma es eficaz o ineficaz.

Una acción ineficaz es un fracaso, y si te pasas la vida haciendo acciones ineficaces, toda tu vida será un fracaso. Cuantas más cosas hagas, peor para ti. Si todas tus acciones son ineficaces, cada acción eficaz es en sí misma un éxito; si cada acción de tu vida es una acción eficaz, toda tu vida debe ser un éxito.

La causa del fracaso es hacer demasiadas cosas de manera ineficiente y no hacer suficientes cosas de manera eficiente. Verás que no hacer acciones ineficientes es una afirmación evidente. Y si haces un número suficiente de acciones eficientes, te harás rico. Creo que ahora es posible hacer de cada acción una acción eficiente. Ves de nuevo que el principio de la riqueza se reduce a una ciencia exacta como las matemáticas.

La pregunta es, ¿puedes hacer que cada acción sea un éxito para ti? Desde luego que sí. Puedes hacer que cada acto sea un éxito porque todo el poder coopera contigo y este poder no puede fallar. El poder está a tu servicio y para que cada acción sea eficaz, todo lo que tienes que hacer es poner fuerza en ella. Cada acción es fuerte o débil y cuando todas son fuertes, actúas de cierta manera que te hará rico.

Cada acción puede hacerse fuerte y eficiente manteniendo la visión mientras pones todo el poder de tu fe e intención en ella. Es en este punto donde fracasan las personas que separan el poder espiritual de la acción personal. Usan el poder del espíritu en un lugar y en un momento y actúan en otro lugar y en otro momento. Entonces sus acciones no tienen éxito en sí mismas. Muchas de ellas son ineficaces.

Pero si todo el poder fluye en cada acción, cada acción, por mundana que sea, será un éxito en sí misma, y como es la naturaleza de las cosas, cada éxito abre el camino a otros éxitos. Tu progreso hacia lo que quieres, hacia ti, se acelerará. Recuerda que las acciones de éxito son acumulativas en sus resultados.

Esto se debe a que el deseo de más vida es inherente a todas las cosas.
A medida que una persona comienza a avanzar hacia una vida más grande, más cosas se unirán a ella y el impacto de su deseo se multiplicará. Cada día, haz todo lo

que puedas hacer ese día y realiza cada acción de manera eficiente. Al hacerlo, debe mantener su visión mientras realiza cada acción.

Por trivial o mundana que sea, no estoy sugiriendo que sea necesario ver siempre la visión hasta el más mínimo detalle. El trabajo de tus horas de ocio debe consistir en aplicar tu imaginación a los detalles de tu visión y contemplarlos hasta que queden firmemente fijados en tu mente.

Dedica todo tu tiempo libre a este ejercicio y contempla constantemente. Tendrás la imagen de lo que deseas tan firmemente anclada en tu mente hasta en los más pequeños detalles y tan completamente transferida a la mente de la sustancia informe. Que todo lo que tienes que hacer en tu tiempo de trabajo es referirte mentalmente a la imagen para estimular e impulsar tu fe e intención de hacerlo lo mejor posible.

Contempla tu imagen en tu tiempo libre hasta que tu conciencia esté tan llena de ella que puedas captarla inmediatamente. De este modo, estarás tan cautivado por sus promesas luminosas que el mero hecho de pensar en ella evocará las energías más fuertes de todo tu ser.

Repasemos de nuevo nuestro programa de estudios y llevémoslo al punto al que hemos llegado mediante una ligera modificación de las afirmaciones finales. Existe una sustancia pensante de la que están hechas todas las cosas y que en su estado primigenio impregna los espacios interiores del universo.

Un pensamiento en esta sustancia produce lo que el pensamiento imagina.
El hombre puede moldear las cosas en sus pensamientos e imprimiendo sus pensamientos en la sustancia informe, puede crear la cosa que piensa.
Para ello, el hombre debe pasar de la mente competitiva a la mente creativa.
Debe formarse una imagen mental clara de

las cosas que desea y hacerlas con fe e intención.

Todo esto se puede hacer todos los días haciendo cada cosa de manera eficiente.

Entrar en el negocio adecuado

Entrar en el negocio adecuado. El éxito en un negocio concreto depende, en primer lugar, de tener bien desarrolladas las aptitudes necesarias para ese negocio.
Sin una buena aptitud musical, nadie puede tener éxito como profesor de música,
sin aptitudes mecánicas bien desarrolladas, no se puede ser técnico.

Y nadie puede tener éxito en un negocio comercial sin aptitudes y habilidades comerciales. Nadie puede tener éxito en el ámbito comercial, pero tener las aptitudes requeridas en la profesión de uno no es garantía de hacerse rico.

Hay músicos que tienen un talento extraordinario y, sin embargo, siguen siendo pobres.

Hay herreros, carpinteros, etc. que tienen excelentes habilidades mecánicas, pero no se hacen ricos, y hay comerciantes con buen don de gentes que, sin embargo, fracasan. Las distintas habilidades son herramientas.

Es importante tener buenas herramientas, pero también es relevante que las herramientas se utilicen correctamente o de la forma adecuada. Un hombre puede coger una sierra afilada, una escuadra, un buen cepillo, etc. y construir un bonito mueble. Otro hombre puede coger las mismas herramientas y ponerse a trabajar para copiar el artículo, pero su producción será una chapuza. No sabe utilizar con éxito las buenas herramientas.

Las diferentes habilidades de tu mente son las herramientas que debes utilizar para hacer el trabajo que te hará rico.

Te será más fácil tener éxito si te dedicas a un negocio para el que estés bien equipado con herramientas mentales. En general, te irá mejor en el negocio que requiera tus habilidades más fuertes, para el que estés mejor dotado por naturaleza, pero esta afirmación tiene sus limitaciones.

Además, nadie debe considerar que su vocación está irrevocablemente fijada por las inclinaciones con las que nació. Puedes hacerte rico en cualquier negocio porque si no tienes el talento adecuado para ello, puedes desarrollar ese talento. Solo significa que tienes que crear tus propias herramientas en lugar de limitarte a utilizar aquellas con las que naciste.

Es más fácil tener éxito en una profesión para la que ya tienes talentos bien desarrollados. Pero puedes tener éxito en cualquier profesión porque puedes desarrollar cualquier talento rudimentario, y no hay talento que no tengas al menos en forma rudimentaria.

Si tienes talentos rudimentarios, la forma más fácil de hacerte rico es hacer aquello para lo que eres más apto. Pero la forma más satisfactoria de hacerse rico es hacer lo que uno quiere hacer.

Cómo utilizar la acción

Hacer lo que uno quiere es la vida, y no hay verdadera satisfacción en la vida si nos vemos obligados a hacer siempre algo que no queremos hacer. Y si estamos obligados a hacer para siempre algo que no queremos hacer y que nunca podremos hacer.

Y es cierto que puedes hacer lo que quieres hacer. El deseo es la prueba de que tienes el poder dentro de ti para hacerlo. El deseo es una manifestación de poder.

Tu deseo de hacer música es el poder que puede hacer música, que se esfuerza por expresarse y desarrollarse.

El deseo de inventar dispositivos mecánicos es el talento mecánico que busca expresión y desarrollo. Donde ninguna fuerza subdesarrollada puede hacer esta única cosa.

Esto es una prueba segura de que la fuerza para hacerlo es fuerte, y solo necesita ser desarrollada y utilizada de la manera correcta. En igualdad de condiciones, lo mejor es elegir la profesión para la que se ha desarrollado el mayor talento.

Pero si tienes un fuerte deseo de trabajar en un campo concreto, entonces deberías elegir esa profesión como tu objetivo final. Puedes hacer lo que quieras, y tienes el derecho y el privilegio de dedicarte a la profesión o la afición que más te guste y con la que más disfrutes. No estás obligado a hacer nada que no te guste y no deberías hacerlo salvo como medio para conseguir lo que quieres hacer.

Si has cometido errores en el pasado, cuyas consecuencias te han colocado en un entorno indeseable, puede que te veas obligado a hacer temporalmente lo que no te gusta. Pero puedes sentirte cómodo haciéndolo, sabiendo que te da la oportunidad de hacer lo que quieres.

Si crees que no estás en el trabajo adecuado, no te precipites a intentar cambiar de trabajo. La mejor forma de cambiar de empresa o de entorno suele ser el crecimiento.

No tengas miedo de hacer un cambio repentino y radical si se presenta la oportunidad y sientes, tras considerarlo detenidamente, que es la oportunidad adecuada. Pero nunca emprendas una acción repentina y precipitada si tienes dudas sobre si tiene sentido. Nunca hay prisa a nivel creativo y no hay escasez de oportunidades.

Cuando salgas de la mentalidad competitiva, comprenderás que nunca hay que actuar precipitadamente. Nadie se te adelantará en lo que quieres hacer. Hay suficiente para todos, si un lugar está ocupado, otro y mejor estará disponible para ti.

Un poco más allá

Si tienes dudas, hay tiempo suficiente. Espera, recurre a la contemplación de tu visión y refuerza tu fe y tu propósito, por cualquier medio necesario.
En tiempos de duda e indecisión, cultiva la gratitud durante un día o dos, en la contemplación, la visión de lo que quieres, y en la gratitud sincera de que lo estás consiguiendo. Esto llevará a tu mente a una relación tan estrecha con lo Más Alto que no cometerás ningún error.

Cuando actúas, hay una mente que sabe todo lo que hay que saber, y puedes entrar en estrecha unión con esa mente, creyendo y avanzando la meta en la vida. Cuando sientes una profunda gratitud, los errores surgen cuando actúas precipitadamente o cuando actúas por miedo o duda o cuando tienes el olvido del motivo correcto de que más vida es para todos y menos para nadie.

Pero si sigues así, se te presentarán más y más oportunidades, y debes ser muy constante en tu fe y en tu propósito y mantenerte en estrecho contacto con todo el espíritu a través de la gratitud reverente.

Haz todo lo que puedas cada día de manera perfecta, pero hazlo sin prisa, preocupación o miedo. Ve tan rápido como puedas, pero sin prisas. Recuerda que en el momento en que empiezas así, te conviertes en un competidor. Vuelves a caer en el nivel anterior. Cada vez que te encuentres con prisas, haz una pausa, centra tu atención en la imagen mental de lo que quieres y empieza a dar gracias porque lo conseguirás.

La práctica de la gratitud siempre fortalecerá tu fe y renovará tu propósito. Tanto si cambias de profesión como si no, tus acciones deben estar en tiempo presente, en relación con el negocio al que te dedicas ahora. Puedes entrar en el negocio que deseas utilizando constructivamente el negocio en el que ya estás haciendo tu trabajo diario de una determinada manera. Y en la medida en que tu negocio consiste en tratar con otras personas, ya sea en persona o por carta, la idea principal de todos tus esfuerzos debe ser darles la impresión de crecimiento.

Dar la impresión de crecimiento

Todos los hombres y todas las mujeres aspiran a la multiplicación. Es el impulso de la inteligencia informe que hay en ellos y que busca su plena expresión. El deseo de multiplicarse está en toda la naturaleza. Es el impulso fundamental del universo. Toda la actividad humana se basa en el deseo de multiplicarse. La gente busca más comida, más ropa, mejor cobijo, más lujo, más belleza, más conocimiento, más placer, la multiplicación de un poco más de vida.

Todo ser vivo está sometido a esta compulsión de evolucionar constantemente, cuando cesa la multiplicación de la vida, se produce inmediatamente la disolución y la muerte. El ser humano lo sabe instintivamente y por eso busca constantemente más. Esta ley de la multiplicación constante es confirmada por Jesús en la parábola de los talentos.

Todo lo que tienes que hacer es mantener tu visión, aferrarte a tu meta y mantener tu fe y gratitud.

Mantén la gratitud, pero debes actuar de cierta manera para que puedas apropiarte de lo que es tuyo.

Cuando llegue a ti para que puedas encontrarte con las cosas que tienes a tu imagen y ponerlas en su lugar cuando lleguen. Puedes reconocerlo fácilmente cuando las cosas llegan a ti. Estarán en manos de otras personas que exigirán valor a cambio de ellas y solo podrás conseguir lo que es tuyo si das a la otra persona lo que es suyo.

Tu cartera no se convertirá en un monedero que siempre estará lleno de dinero sin ningún esfuerzo por tu parte.

Este es el punto crucial en la ciencia de hacerse rico, justo aquí, donde el pensamiento y la acción personal deben combinarse.

Hay muchísimas personas que consciente o inconscientemente tienen los poderes creativos, pero no aseguran la recepción de lo que desean. Si viene a través del pensamiento, la cosa los pondrá en movimiento a través del poder y la perseverancia de sus deseos, pero seguirán siendo pobres si no aseguran la recepción de lo deseado.

Si viene a través del pensamiento, la cosa deseada les será traída a través de la acción. Lo recibes, cualquiera que sea tu acción.

Es obvio que debes actuar ahora. No puedes actuar en el pasado, y es por la claridad de tu visión espiritual que destierras el pasado de tu mente. No puedes actuar en el futuro, porque el futuro aún no ha llegado. Y no puedes decir cómo actuarás en una situación futura hasta que esa situación haya llegado, porque no estás en el negocio correcto.

Es simplemente el deseo de una vida de abundancia. Es una aspiración, y como es el instinto más profundo de su naturaleza, todos los hombres y mujeres se sienten atraídos por quien puede darles más de comer si siguen un determinado camino.

Como se ha descrito en las páginas anteriores, recibes un aumento continuo para ti y lo transmites a todos. Eres un pecador creador de quien el aumento se da a todos.

Estate seguro de ello y transmite esta certeza a cada hombre, mujer y niño con el que entres en contacto. Por pequeña que sea la transacción, aunque solo sea la venta de un caramelo a un niño pequeño. Piense en la multiplicación y asegúrese de que el cliente quede impresionado por este pensamiento. Da la impresión de progreso en todo lo que hagas, para que todos tengan la impresión de que eres una persona progresista y de que haces progresar a todos los que tratan contigo. Incluso las personas con las que te reúnes en compañía sin pensar en el negocio y a las que no vendes nada.

Transmite la idea de multiplicación. Puedes dar esta impresión transmitiendo la convicción inquebrantable de que tú mismo estás en el camino de la multiplicación. E inspirando, cumpliendo e infundiendo esta creencia en cada acción. Haz todo lo que hagas con la firme convicción de que eres una personalidad progresista y que estás dando progreso a todo el mundo.

Siente que te estás enriqueciendo y que al hacerlo estás enriqueciendo a otros y beneficiando a todos. No alardees de tu éxito y no digas verdades innecesarias. La fe nunca es jactanciosa. Dondequiera que encuentres a una persona jactanciosa, encontrarás a otra que secretamente duda y tiene miedo. Simplemente, siente la fe y déjala actuar. En cada acción, cada sonido y cada mirada, expresa la tranquila certeza de que te estás enriqueciendo, de que ya eres rico. Las palabras no serán necesarias para transmitir este sentimiento.

Sentirán la sensación de aumento cuando estén en tu presencia, y se sentirán atraídos hacia ti. Necesitas impresionar a los demás lo suficiente para hacerles sentir que están contigo, y recibirás aumento para ti. Asegúrate de darles un valor de uso que sea mayor que el valor monetario que tomas de ellos. Sea honesto y esté orgulloso de ello, hágaselo saber a todo el mundo y no le faltarán clientes.
La gente irá donde les des aumento y el supremo que busca aumento en absoluto y que lo sabe todo se trasladará a ti.

Hombres y mujeres que nunca han oído hablar de ti. Tu negocio crecerá rápidamente y te sorprenderán los beneficios inesperados que te llegarán. Podrás hacer combinaciones más grandes día a día, asegurarte mayores beneficios y pasar a una profesión más agradable si así lo deseas.

Pero en todo esto, nunca debes perder de vista tu visión de lo que quieres ni tu convicción y objetivo de conseguir lo que deseas.

Permíteme una advertencia sobre los motivos. Ten cuidado con la insidiosa tentación de buscar el poder sobre otras personas. Nada es tan agradable para la mente inculta o solo parcialmente desarrollada como el ejercicio del poder o el dominio sobre los demás.

El deseo de dominio para la gratificación egoísta ha sido la maldición del mundo. Durante incontables épocas, reyes y príncipes han empapado la tierra de sangre en sus luchas por extender su dominio. No lo hacían para conseguir más vida para todos, sino para obtener más poder para sí mismos. ¿Hoy, el principal motivo en el mundo empresarial e industrial es el mismo?

La gente reúne sus ejércitos de dólares y dilapida las vidas y los corazones de millones de personas en la misma loca carrera por el poder sobre los demás. Tanto los reyes comerciales como los reyes políticos están obsesionados por el ansia de poder.

Jesús vio en este deseo de dominio el impulso que mueve a este mundo malvado. Quería derrocarlo. Lee el capítulo 23 de Mateo y observa cómo condenó la codicia de los fariseos de ser llamados señores, de sentarse en las alturas, de gobernar sobre los demás y de poner cargas sobre las espaldas de la codicia.

Alégrate y observa cómo compara el señorear sobre los demás con la búsqueda fraterna del bien común a la que llama a sus discípulos.

Cuidado con la tentación de ambicionar la autoridad, de convertirse en señor, de ser visto como alguien que está por encima del rebaño común, de impresionar a los demás mediante la ostentación fastuosa, etc. El espíritu que lucha por dominar a los demás es el espíritu competitivo.

Y el pensamiento competitivo no es pensamiento creativo. Para dominar tu entorno y tu destino, no es necesario en absoluto que domines a tus semejantes. Y, de hecho, si quedas atrapado en la batalla del mundo por los altos puestos, serás penalizado por el destino y tu riqueza se convertirá en una cuestión de azar y especulación.

Cuidado con el pensamiento competitivo. El principio de la acción creativa no puede expresarse de forma más elegante.

La acción creadora no puede formularse más correctamente que la declaración favorita del difunto Toledo. "Lo que quiero para mí, lo quiero para todos".
Lo que he dicho en el último capítulo se aplica tanto al autónomo y al asalariado como al hombre que trabaja en el sector comercial.

Seis médicos, profesor o clérigo, si puedes dar más vida a los demás y sensibilizarlos al respecto, se sentirán atraídos por ti y te harás rico.

El médico que tiene la visión de ser un gran y exitoso sanador y que trabaja hacia la plena realización de esa visión, con fe y propósito. Como se ha descrito en capítulos anteriores, estará en tan estrecho contacto con la fuente de la vida que tendrá un éxito fenomenal.

Los pacientes acudirán a él en masa. Nadie tiene más posibilidades de poner en práctica las enseñanzas de este libro que el médico. No importa a cuál de las diversas escuelas pertenezca, pero el principio de la curación es común a todos y puede ser alcanzado por todos por igual.

El hombre progresista en medicina, que tiene una clara imagen mental de sí mismo como triunfador y sigue las leyes de la fe, la intención y la gratitud, curará todos los casos curables que aborde. No importa qué remedios utilicé

.

El mundo pide a gritos un ministro que predique a sus oyentes la verdadera ciencia de la vida abundante. El que domine los detalles de la ciencia de enriquecerse. Y junto con las ciencias relacionadas del bienestar, ser grande y ganar amor, y que enseñe estos detalles desde el púlpito, nunca le faltará una congregación.
Y Este es el evangelio que el mundo necesita. Multiplicará vidas y la gente lo oirá con gusto y apoyará generosamente al hombre que se lo lleve.

Lo que se necesita ahora es una demostración de la ciencia de la vida desde el púlpito. Queremos predicadores que no solo nos digan cómo hacerlo, sino que nos lo muestren en su propia persona. Necesitamos al predicador que será rico, saludable, grande y amado para enseñarnos cómo lograr estas cosas.

Y cuando venga, encontrará numerosos y fieles seguidores. Lo mismo ocurre con el maestro, que puede inspirar a los niños la fe y la meta de una vida progresiva. Nunca tendrá necesidad de trabajo, y todo maestro que tenga la fe y la meta puede dársela a sus alumnos. No puede evitar dárselo si forma parte de su propia vida.

Lo que es cierto para el maestro, el predicador y el médico también lo es para el abogado, el dentista, el agente inmobiliario, el asegurador y todos los demás.
La acción espiritual y personal combinada que he descrito es infalible. No puede fallar; todo hombre y mujer que persevere y siga estas instrucciones hasta el final se hará rico.

La ley de la multiplicación de la vida es tan matemáticamente cierta en sus efectos como la ley de la gravitación. Hacerse rico es una ciencia exacta. El asalariado encontrará que esto se aplica a él tanto como a cualquier otro de los casos mencionados.

No pienses que no tienes ninguna posibilidad de hacerte rico porque trabajas donde no hay oportunidades visibles de progreso, donde los salarios son bajos y el coste de la vida es alto. Fórmate una visión mental clara de lo que quieres y empieza a actuar con fe y propósito. Haz todo lo que puedas hacer.

Haz cada trabajo todos los días a la perfección. Ponga el poder del éxito y la intención de hacerse rico en todo lo que haga, pero no lo haga solamente con la idea de hacerse querer por su empleador. Con la esperanza de que él o ella vea tu buen trabajo y te ascienda.

No es probable que lo hagan. El hombre que simplemente es un buen trabajador y ocupa su puesto lo mejor que puede y está contento con ello es valioso para su empleador y a este le interesa ascenderle.

Vale más si consigue el ascenso. Se requiere algo más que ser demasiado alto para su puesto.

El hombre que está seguro de ascender es el que es demasiado grande para su puesto y tiene una idea clara de lo que quiere ser. El que sabe que puede llegar a ser lo que quiere ser y que está decidido a llegar a ser lo que quiere ser. No intentes ocupar tu puesto más que el actual para complacer a tu jefe.

Hazlo con la idea de progresar. Mantén la creencia y el objetivo de aumentar durante las horas de trabajo, después del trabajo y antes del trabajo.

Mantenlo de modo que cada persona que entre en contacto contigo, ya sea un supervisor, un compañero de trabajo o un conocido, sienta el poder de la meta que emana de ti. Como resultado, todos obtendrán de ti la sensación de avance y multiplicación.

Los hombres se sentirán atraídos por usted, y si no hay oportunidad de ascenso en su trabajo actual, pronto verá la oportunidad de ocupar otro puesto.

Hay un poder que nunca falla en proveer oportunidades para la persona que avanza y se mueve en obediencia a la ley.

Dios no puede dejar de ayudarte cuando actúas de cierta manera. Tiene que hacerlo para ayudarse a sí mismo-

No hay nada en tus circunstancias o en la industria que pueda detenerte. Si no puedes hacerte rico trabajando para la compañía de acero, puedes hacerte rico en una granja de 10 acres. Y si empiezas a moverte en una dirección determinada, seguramente escaparás de las garras de la empresa siderúrgica y te trasladarás a la granja o a donde quieras estar.

Si unos cuantos miles de sus empleados siguieran ese camino, la empresa siderúrgica pronto se encontraría en una mala situación. Tendría que dar más oportunidades a sus trabajadores o quebrar. Nadie tiene por qué trabajar para una empresa. Las empresas solo pueden pagar mal a la gente mientras haya personas demasiado ignorantes para conocer la ciencia de enriquecerse, o que la conozcan, pero sean demasiado perezosas para practicarla.

Empieza a pensar y actuar de esta manera, y tu fe y determinación te llevarán rápidamente a reconocer cada oportunidad para mejorar tu situación. Tales oportunidades llegarán rápidamente, el Altísimo obrará en todo y trabajando para ti las traerá ante ti. No esperes una oportunidad para ser todo lo que quieres ser. Cuando se presente una oportunidad de ser más de lo que eres y te sientas impulsado a hacerlo, aprovéchala.

Será el primer paso hacia una oportunidad mayor. No hay escasez de oportunidades en este universo para el hombre que vive una vida progresiva y está en la constitución del cosmos, que todas las cosas están ahí para él y trabajan para su bien. Y ciertamente se hará rico si actúa y piensa de cierta manera.

Así pues, que los asalariados estudien este libro con sumo cuidado y sigan con confianza el camino que prescribe. No fallará.

Precauciones

Algunas precauciones y observaciones finales. Mucha gente se burlará de la idea de que existe una ciencia exacta para hacerse rico porque tienen la impresión de que la oferta de riqueza es limitada. Insistirán en que hay que cambiar las instituciones sociales y gubernamentales para que un número significativo de personas pueda adquirir alguna competencia.

Pero esto no es cierto. Si bien es cierto que los gobiernos existentes mantienen a las masas en la pobreza, esto se debe a que las masas no piensan ni actúan de la manera determinada cuando las masas empiezan a avanzar.

Como se señala en este libro, ni los gobiernos ni los sistemas industriales pueden impedir que se enriquezcan.

Hay que cambiar todos los sistemas para permitir el movimiento hacia delante. Tener un espíritu progresista, la creencia de que pueden enriquecerse y avanzar con el firme objetivo de enriquecerse. Nada puede mantenerles en la pobreza. Los individuos pueden tomar este camino seguro en cualquier momento y bajo cualquier gobierno y hacerse ricos. Y si un número relevante de individuos lo hacen bajo cualquier gobierno, cambiarán el sistema para abrir el camino a los demás. Cuanta más gente se enriquezca a nivel competitivo, peor para los demás.

Cuanta más gente se enriquezca a nivel creativo, mejor para los demás. La salvación económica de las masas solo puede lograrse si un gran número de personas aplican los métodos científicos descritos en este libro y se enriquecen. Estos mostrarán a los demás el camino y les inspirarán el deseo de la verdadera vida, la creencia de que puede lograrse y el objetivo de alcanzarla para el presente.

Sin embargo, basta con saber

Que ni el gobierno bajo el que vives ni el sistema capitalista o competitivo de la industria pueden impedir que te hagas rico.

Cuando el nivel creativo del pensamiento entre por ti, uno se elevará por encima de todas estas cosas y se convertirá en un ciudadano de otro reino. Pero recuerda que tus pensamientos deben mantenerse en el plano creativo.

No debes engañarte ni por un momento pensando que la oferta es limitada o solo en el plano moral de la competencia.

Siempre que vuelvas a caer en viejas formas de pensar, corrígete inmediatamente, porque cuando estás en el pensamiento competitivo, has perdido la cooperación con el espíritu de la totalidad.

No dediques tiempo a planificar cómo harás frente a posibles emergencias en el futuro, a menos que las acciones necesarias afecten a tus acciones de hoy. Ocúpate en hacer el trabajo de hoy de forma perfectamente satisfactoria, no en ocuparte de las emergencias que puedan surgir. Puedes ocuparte de ellas cuando lleguen.

No se preocupe de cómo superar los obstáculos que se ciernen sobre el horizonte de su empresa, a menos que vea claramente que necesita cambiar de rumbo hoy para evitarlos. No importa lo formidable que pueda parecer un obstáculo en la distancia, descubrirá que desaparece en cuanto se acerca a él, o que aparece una forma de atravesarlo o rodearlo.

Ninguna combinación posible de circunstancias puede derrotar a un hombre o una mujer que sigue un enfoque estrictamente científico para hacerse rico. Ningún hombre o mujer que siga la ley puede fracasar a la hora de hacerse rico, igual que no se puede multiplicar dos por dos y no obtener cuatro. No pienses con ansiedad en posibles desastres, obstáculos, pánico o combinaciones desfavorables de circunstancias.

Hay tiempo suficiente para hacer frente a esas cosas cuando se presenten, y descubrirás que cada dificultad trae consigo los medios para superarla. Cuida tu discurso, nunca hables de ti mismo, de tus asuntos o de cualquier otra cosa de manera desalentadora. Nunca admitas la posibilidad de fracasar o hables de manera que el fracaso parezca una posibilidad.

Nunca hables de tiempos difíciles o de la situación empresarial como dudosa. Los tiempos pueden ser difíciles y los negocios pueden ser difíciles para los que están en el nivel competitivo, pero ese nunca podría ser su caso.

Puedes crear lo que quieras y estás por encima del miedo. Incluso cuando otros estén pasando tiempos difíciles y haciendo malos negocios.

Encontrarás tus mayores oportunidades. Entrénate para pensar y ver el mundo como algo que se está haciendo, que está creciendo, y para ver lo que parece malo solo como algo sin desarrollar. Habla siempre en términos de progreso. De lo contrario, negarás tu fe, y si niegas tu fe, la perderás.

Nunca te permitas sentirte decepcionado. Puede que esperes tener una cosa determinada en un momento dado y luego no la consigas, y eso te parecerá un fracaso.

Pero si te aferras a tu fe, te darás cuenta de que el fracaso es solamente aparente. Continúa por ese camino y si no lo consigues, obtendrás algo mucho mejor y verás que el aparente fracaso fue en realidad un gran éxito.

A un estudiante de ciencias se le había metido en la cabeza entrar en cierta relación de negocios que en aquel momento le parecía muy deseable, y trabajó durante algunas semanas para realizarla. Cuando llegó el momento crucial, el trato se vino debajo de una manera totalmente inexplicable. Fue como si una influencia invisible hubiera estado trabajando secretamente en su contra. No se sintió decepcionado. Al contrario, agradeció a Dios que su deseo hubiera sido anulado y continuó unas semanas más con espíritu agradecido. Surgió una oportunidad mucho mejor que nunca habría aprovechado a la primera. Y se dio cuenta de que una mente que sabía más que él le había salvado de perder el bien mayor por enredarse con el menor.

De este modo, si mantienes la fe, te aferras a tu objetivo, sientes gratitud y haces todo lo que se puede hacer ese día, todos los días, y realizas cada acción de forma satisfactoria, cada fracaso aparente resultará ser un fracaso.

Si fracasas, es porque no pediste lo suficiente. Sigue adelante y seguramente te llegará algo más grande de lo que pediste. Recuerda, no fracasarás porque carezcas de talento para hacer lo que quieres hacer. Si continúas haciendo lo que te he instruido, desarrollarás todos los talentos necesarios para hacer tu trabajo.

No está dentro del alcance de este libro cubrir la ciencia del desarrollo del talento, eso es tan seguro y simple como el proceso de hacerse rico.

Pero no vaciles ni los dejes para más tarde por miedo a que, cuando llegues a cierto punto, fracases por falta de habilidad. Sigue adelante, sigue adelante, y cuando llegues a ese punto, la habilidad te será dada.

La misma fuente de habilidad que permitió al analfabeto Lincoln llevar a cabo la mayor obra como presidente de los Estados Unidos, llevar a cabo un gobierno jamás realizado por un solo hombre, está abierta para ti.

Puedes recurrir a todo tu ingenio para cumplir con la responsabilidad que se te ha encomendado. Siga adelante con plena confianza. Estudia este libro. Conviértelo en tu compañero constante hasta que domines todas las ideas que contiene.

Mientras estés firmemente establecido en esta fe, harás bien en renunciar a la mayoría de los placeres y alegrías, abstenerte de diversiones y mantenerte alejado de los lugares donde las ideas entren en conflicto.

No leas literatura pesimista o contradictoria y no entres en discusiones sobre el tema. Lee muy poco fuera de los autores mencionados en el prefacio.

Dedica la mayor parte de tu tiempo libre a contemplar tu visión y a cultivar la gratitud. Y si lee este libro, contiene todo lo que necesita saber sobre la ciencia de hacerse rico, y leerá todo lo esencial en el capítulo siguiente.

Resumen de la ciencia de hacerse rico.

Existe una sustancia pensante de la que están hechas todas las cosas, y que en su estado original impregna y llena los espacios interiores del universo.

Un pensamiento en esta sustancia crea la cosa que es representada por el pensamiento. El hombre puede moldear cosas en su pensamiento e imprimiendo su pensamiento en la sustancia informe puede crear la cosa que piensa. Para ello, el hombre debe pasar de la mente competitiva a la mente creadora. De lo contrario, no puede estar en armonía con la inteligencia informe, que siempre es creativa y nunca competitiva. En espíritu, el hombre puede entrar en plena armonía con la sustancia informe, mostrando una gratitud viva y sincera por las bendiciones que le concede.

La gratitud une el espíritu del hombre con la inteligencia de la sustancia, de modo que los pensamientos del hombre son recibidos por la sustancia informe.
Solo necesita permanecer en el nivel creativo cuando se une con la inteligencia informe.

A través de un sentimiento profundo y continuo de gratitud, el hombre debe tener una imagen mental clara y definida de las cosas que desea hacer o llegar a ser. Y debe mantener esta imagen mental en su mente mientras agradece
 profundamente, al Altísimo que todos sus deseos se estén cumpliendo. El hombre

que quiere hacerse rico debe pasar su tiempo libre contemplando su visión y agradeciendo al Altísimo por haberle dado la realidad. Nunca se insistirá lo suficiente en la importancia de la contemplación frecuente de la imagen espiritual, combinada con una fe inquebrantable y una devota gratitud.

Este es el proceso por el que se da la impresión a lo informe y se ponen en marcha las fuerzas creadoras. La energía creadora actúa a través de los canales establecidos del crecimiento natural y del orden industrial y social.

Todo lo que está contenido en su imagen espiritual llegará con seguridad al hombre que siga las instrucciones dadas anteriormente y cuya fe no renuncie a ello. Será lo que él desee en los caminos del comercio establecido.

Para obtener lo que es suyo, si ha de venir a él, el hombre debe ser activo, y esta actividad solo puede consistir en hacer algo más que ocupar su lugar actual. Debe mantener la vista puesta en el objetivo de enriquecerse mediante la realización de su imagen espiritual.

Y cada día debe hacer todo lo que se puede hacer ese día. Cuidando de llevar a cabo cada acción con éxito, debe dar a cada persona un valor de uso que exceda el valor monetario que recibe, de modo que cada transacción proporcione más vida. Y debe mantener el pensamiento progresista de tal manera que la impresión de aumento se transmita a todos con los que entra en contacto.

Los hombres y mujeres que sigan las instrucciones anteriores. Seguramente recibirán la riqueza y será en proporción exacta a la definición de su visión, la firmeza de su propósito, la constancia de su fe y la profundidad de su gratitud.

Sobre el autor

Carlos Mateo

Wallace D. Wattles fue un autor estadounidense pionero en el género de la literatura de autoayuda y éxito. Nacido en Estados Unidos en 1860 y fallecido en 1911, Wattles es conocido sobre todo por su innovadora obra "La ciencia de hacerse rico", publicada por primera vez en 1910.

Los escritos de Wattles están fuertemente influenciados por las nuevas formas de pensamiento y metafísica de New though(Momento) y las ideas del filósofo estadounidense Ralph Waldo Emerson.

En «La ciencia de hacerse rico», expone los principios básicos del éxito financiero basados en una combinación de pensamiento positivo, visualización y acción práctica. Sostenía que la adquisición de riqueza era una ciencia que cualquiera podía aprender y aplicar.

Aunque Wattles no fue tan conocido y reconocido en vida como algunos de sus contemporáneos Napoleon Hill o Dale Carnegie, sus ideas y enseñanzas han encontrado muchos seguidores a lo largo del tiempo. Su obra "La ciencia de hacerse rico" sigue teniendo muchos lectores hoy en día e influye en muchas personas en el ámbito del crecimiento personal y el pensamiento del éxito.

Introducción

Bienvenido a La ciencia de hacerse rico, un tesoro intemporal de principios y sabiduría destinados a allanar su camino hacia la abundancia financiera. Escrito originalmente por Wallace D. Wattles en 1910, este libro es una obra atemporal cuyo mensaje sigue resonando con fuerza hoy en día. En un mundo que cambia constantemente y en el que la búsqueda de la riqueza y el éxito es omnipresente, los principios fundamentales de este libro proporcionan un mapa para descubrir los tesoros de la vida.

Puede que las ideas que Wattles presenta en este libro se escribieran hace más de un siglo, pero su relevancia hoy es tan grande como siempre. En un momento en el que muchos de nosotros buscamos formas de alcanzar la seguridad financiera y vivir una vida plena, las enseñanzas intemporales de La ciencia de la riqueza pueden ayudarnos a encontrar el camino.

Estudió agricultura, comercio mayorista y administración de empresas.

Trabajó en la exportación en Italia y se trasladó a Sudamerica. Ahora, en su vejez, ha empezado a escribir de nuevo, su último libro "Ein erfolgreiches Leben ist kein Zufall" und andere están disponible tambien en español en Amazon Kindle.

NOTIZIAS